BAYERN

Kulinarische Streifzüge

Hoch lebe
die
Landwirtschaft
und das
Gewerbe

Barbara Rias-Bucher

BAYERN

Kulinarische Streifzüge

Mit 65 Rezepten,
exklusiv fotografiert
für dieses Buch
von
Hans Joachim Döbbelin

SIGLOCH
EDITION

Bad Bocklet
Coburg
Hof
Rehau
Bad Kissingen
Kronach
Wallenfels
Helmbrechts
Hammelburg
Münchberg
Unterfranken
Haßberge
Lichtenfels
Plassenburg
Neuenmarkt
Selb
Schweinfurt
Staffelstein
Kulmbach
Sömmersdorf
Haßfurt
Sennfeld
1051 m
Wunsiedel
Cheb (Eger)
Werneck
Bad Berneck
Bischofsgrün
Marktredwitz
Karlstadt
Oberfranken
Fichtelgebirge
Neualbenreuth
Scheßlitz
Bayreuth
Mitterteich
Mariánské Lázně (Marienbad)
Gerolzhofen
Tirschenreuth
Bamberg
Weidenberg
Volkach
Wohnsgehaig
WÜRZBURG
Ebrach
Steinwald
Fränkische
Hirschaid
Prichsenstadt
Ebermannstadt
Windischeschenbach
Bärnau
Kitzingen
Schweiz
Pegnitz
901 m
Iphofen
Eschenbach
Höchstadt
Forchheim
Neustadt
Fischzucht
Waldthurn-Fahrenberg
Ochsenfurt
Weiden
Gräfenberg
Weißenstein
Steigerwald
Neuhaus
Waidhaus
498 m
Vilseck
Neustadt
ERLANGEN
Oberpfalz
Röttingen
Bad Windsheim
Herzogenaurach
Hersbruck
Wernberg
Oberpfälzer Wald
Fürth
Lauf
Sulzbach-Rosenberg
Schönsee
Bad Mergentheim
Zirndorf
NÜRNBERG
Poppberg 657 m
Amberg
Nabburg
Tiefenbach
Stein
Altdorf
Theuern
Waldmünchen
Rothenburg o. d. Tauber
Schwabach
Feucht
Kastl
Rötz
Frankenhöhe
Künzelsau
Ansbach
Neumarkt
Schwandorf
Wackersdorf
Mittelfranken
Baden-
Wolframs-Eschenbach
Roth
Velburg
Burglengenfeld
Cham
Jagst
Rhein-Main-Donau-Kanal
Kötzting
Feuchtwangen
Regen
Roding
Spalt
Altmühlsee
Gr. Brombachsee (im Bau)
Naab
Schwäbisch Hall
Crailsheim
Bayerischer Wald
Dinkelsbühl
Gunzenhausen
Kl. Brombachsee
Regenstauf
Hesselberg 689 m
Greding
Dietfurt
Hemau
Weißenburg
Gaildorf
Württem-
Altmühl
Wörth
Ellwangen
REGENSBURG
Treuchtlingen
Schloß Rosenburg
Bad Abbach
Kocher
Ipf 668m
Nördlinger Ries
Eichstätt
Kelheim
Kloster Weltenburg
Sünching
Bogen
Solnhofen
Dungau
Straubing
Aalen
Bopfingen
Nördlingen
Gr. Laber
Bad Gögging
Schierling
Schwäbisch Gmünd
Harburg
Ingolstadt
Plattling
Donauwörth
Neuburg
Siegenburg
berg
Donau
Donaumoos
Heidenheim
Alb
Ergoldsbach
Geislingen
Schwäbische
Lauingen
Dillingen
Donauried
Hallertau
Mainburg
Niederbayern
Brenz
Paar
Ilm
Isar
Dingolfing
Schrobenhausen
Hopfenanbau
Vils
Meitingen
Landshut
Pfaffenhofen
Moosburg
Günzburg
Aichach
Amper
Vilsbiburg
Gangkofen
Eggenfelden
Gersthofen
Freising
ULM
Neu-Ulm
Markt Indersdorf
Weihenstephan
Erdinger Moos
AUGSBURG
Friedberg
Viehzucht
Senden
Weißenhorn
Neufahrn
Unterschleißheim
Erding
Taufkirchen
Vöhringen
Dachau
Mindel
Bobingen
Garching
Dorfen
Mühldorf
Riß
Illertissen
Krumbach
Königsbrunn
Würm
Ismaning
Laupheim
Olching
Waldkraiburg
Altötting
Schwabmünchen
Fürstenfeldbruck
MÜNCHEN
Burghausen
Günz
Kaltenberg
Biberach
Babenhausen
Germering
Haar
Kaufering
Ebersberg
Wasserburg a. Inn
Mindelheim
Landsberg
Gauting
Wörthsee
Ottobrunn
Lechfeld
Wertach
Pilsensee
Grafing
Memmingen
Herrsching
Starnberg
Oberbayern
Bad Wörishofen
Benediktinerabtei
Ottobeuren
Waal
Ammersee
Berg
Kloster Andechs
Wolfratshausen
Traunreut
Tutzing
Bruckmühl
Bad Aibling
Herrenchiemsee
Chiemsee
Grönenbach
Kaufbeuren
Wessobrunn
Starnberger See
Geretsried
Simssee
Traunstein
Iller
Benediktinerabtei
Weilheim
Kolbermoor
Rosenheim
Prien
Schongau
Peißenberg
Loisach
Marktoberdorf
Miesbach
Hochfelln 1670 m
Bad Adelholzen
Kampenwand 1669 m
Peiting
Osterseen
Bad Tölz
Schliersee
Ruhpolding
Wangen
Kempten
Penzberg
Benediktinerabtei
Bad Wiessee
Tegernsee
Wendelstein 1838 m
Chiemgauer Alpen
Isny
Allgäu
Staffelsee
Murnau
Schleching
Opfenbach
Grünenbach
Wieskirche
Bad Kohlgrub
Lenggries
Reit im Winkl
Lindenberg
Ammer
Kochel
Tegernsee
Bayrischzell
Immenstadt
Grüntensee
Forggensee
Oberammergau
Walchensee
Wildbad-Kreuth
Kiefersfelden
Pfronten
Füssen
Linderhof
Kloster Ettal
Mangfallgeb.
Kufstein
Oberstaufen
Hohenschwangau
Neuschwanstein
Sylvenstein-Stausee
Salzburg
Sonthofen
Garmisch-Partenkirchen
Isar
2195 m
Wilder Kaiser 2344 m
Bad Oberdorf
Reutte
Inn
Fischen
Nebelhorn 2224 m
Zugspitze 2963 m
Eibsee
Klais
2537 m
Achensee
Saalfelden
Hoher Ifen 2232 m
Oberstdorf
Mittenwald
Karwendel
ÖSTERREICH
Allgäuer Alpen
Lech
Wetterstein Geb.
Karlovy Vary (Karlsbad)
Sokolov (Falkenau)
Saale
Main
Rodach
Itz
Eger
Regnitz
Pegnitz
Aisch
Tauber
Rezat
Wörnitz
Studio für Landkartentechnik, Hamb.

Berounka
Plasy
TSCHECHISCHE
REPUBLIK
PLZEŇ
(PILSEN)
Uhlava
Klatovy
(Klattau)
Otava
Böhmerwald
Gr. Arber
1456 m
Bayerisch
Eisenstein
Bodenmais
Zwiesel
Frauenau
Regen
Rachel
1453 m
Finsterau
Grafenau
Freyung
Plöckenstein
1378 m
Tittling
Hauzenberg
Vilshofen
Donau
Ilz
Passau
Ortenburg
Bad
Birnbach
Tettenweis
Rott
Bad Füssing
Inn
Braunau
Ried
Innviertel
Vöcklabruck
Attersee
SALZBURG
Wolfgang-
see
Bad Ischl
Salzkammergut
Hallein
Berchtesgaden
Königssee
St. Bartholomä
Hoher Dachstein
2995 m
Hochkönig
2941 m
30 km

Inhalt

Zu den Abbildungen auf Seite 2 und oben: Die bewußte Pflege von Brauchtum und Volkskunst ist – im guten Sinne – typisch bayerisch. Und wird, wie in jedem Touristenland, natürlich auch so werbewirksam betrieben, daß echte Tradition manchmal hinter dem folkloristischen Klischee verschwindet. Die Trachtengruppe bei der Brotzeit haben wir im niederbayerischen Massing entdeckt. Den prächtigen Maibaum können Sie in Obermenzing im Münchner Westen besichtigen.

Liebe Leserinnen und Leser,

Bayern – das ist eine wunderbare Mischung aus vielen Zutaten: Kultur und Geschichte, große Kunst und ein bißchen Kitsch begegnen Ihnen auf Schritt und Tritt.

Bayerns Landschaft sieht aus, als sei sie eigens für den Pinsel des Malers, die Linse des Fotografen so gefällig arrangiert worden. Auf sanften Weiden geben zufriedene Kühe Anschauungsunterricht im „Wie-schön-es-doch-früher-war".

Essen und Trinken sind überall in Bayern präsent, wenn Sie eine Pause brauchen vom Schauen und Erleben – ob Sie in der urigen Dorfwirtschaft eine zünftige Brotzeit bestellen oder im Restaurant große Küche genießen.

In diesem Buch möchte ich Ihnen von alldem etwas zeigen: Sie lernen die kulinarische Geschichte der Region kennen, finden das typisch Bayerische beim Einkaufen, Kochen und Essen. Sie erfahren, wie Bier gebraut und Milch „verkast" wird, wo Sie gutes Fleisch bekommen und warum Majoran das ideale Kräutchen für Deftiges ist. Und natürlich zeige ich Ihnen auch, wie Sie das weißblaue Schlaraffenland zu sich nach Hause holen können: Mehr als sechzig bayerische Gerichte laden Sie zum Nachkochen, Kosten und Genießen ein.

Barbara Rias-Bucher

DIE BAYERN …

… waren schon immer da. Das soll kein Hinweis auf die viel bespöttelte Dickschädeligkeit des Volksstammes sein. Es ist historische Tatsache. Denn die Bayern sind nicht, wie lange vermutet, nur aus Böhmen eingewandert, um kriegerisch das Land in Besitz zu nehmen. Vielmehr haben sie sich als Stamm nach Abzug der Römer Ende des 5. Jahrhunderts aus Menschen verschiedenster Herkunft gebildet: darunter Alamannen, Ostgoten, Germanen, Romanen und auch Leute aus Böhmen.

Und genau diesen Böhmen verdanken die Bewohner östlich des Lechs, zwischen Donau und Alpen, vermutlich ihren Stammesnamen: Nach dem lateinischen Wort *baiuvarii*, das erstmals bei dem gotischen Geschichtsschreiber Jordanes im Jahr 551 zu lesen ist, heißen sie „Bajuwaren“ oder eben „Baiern“. Das „y“ statt des „i“ hat ihnen circa 1300 Jahre später ihr griechenfreundlicher König Ludwig I. beschert. – 554, mit ihrem ersten Herzog, dem Agilolfinger Garibald I., haben die Baiern eine Regierung und Grenzen, die man verteidigen kann und wird. Die Wittelsbacher kommen erst 1180 und regieren bis 1918.

Im 8. Jahrhundert erlassen die fränkischen Könige, zu deren politischem Einflußgebiet Baiern gehört, die *Lex Baiuvariorum*, das Stammesrecht. Christlichen Glauben und Klerus gibt es in Baiern damals schon, denn im Gesetz ist der Schutz der Kirche eigens festgelegt. Die *Lex* kümmert sich auch um das leibliche Wohl der „Herren“: Hühner und Eier mußten die hörigen Bauern liefern. Eine eigenständige bayerische Küche entwickelte sich vermutlich erst im 15. und 16. Jahrhundert in den Bürgerhäusern der Städte. Damals spielte nicht nur der Geldbeutel beim Kochen und Essen eine Rolle. Mindestens ebenso wichtig war der soziale Stand: Der Bürger aß anders als der Adelige, der Mönch anders als der Bischof. Menüs waren eigens abgestimmt auf Kurfürsten, Grafen, „einfache“ Edelleute, Bürger oder Bauern. Gegen Hunger gefeit war aber auch der Wohlhabende nicht. Bei schlechter Ernte konnte er zwar noch den hohen Brotpreis zahlen. Doch wenn durch Krieg und Zerstörung die Bauern vertrieben, die Ernten vernichtet waren, gab es auch für Geld nichts mehr zu kaufen. Deshalb finden sich in frühen bürgerlichen Kochbüchern immer Tips für Notzeiten.

Noch einmal Traditionspflege in Bayern: zwei Frauen in Festtagstracht beim Altschlierseer Trachtentreffen.

Nächste Doppelseite: Wie Asterix, Obelix und Co. vermögen auch die Bayern zu zechen, bis ihnen der Himmel auf den Kopf und der Maßkrug aus der Hand fällt. Und darin unterscheiden sie sich nicht von den Millionen Fremden, die alljährlich das Münchner Oktoberfest besuchen.

Hacker-Pschorr

der Bayern

Totenbretter im Bayerischen Wald: zum Gedenken an die Toten, die auf dem Brett aufgebahrt und damit zu Grabe getragen wurden. Nach der Beerdigung beschriftete und verzierte man die Bretter, stellte sie am Wegrand, bei Kreuzen und Kapellen auf. Manchmal dienten Totenbretter auch als Steg über Bäche oder sumpfige Stellen.

Zu den – im wahrsten Sinne des Wortes – „feinen" Sachen zählten Süßwasserfische und Krustentiere. Seen und Flüsse waren sehr fischreich, Krebse konnte man einfach mit der Hand aus den klaren Bächen klauben. All das kam dann auf die Tische von Adel, Klerus und wohlhabenden Bürgern. Denn die „Herren" hatten entweder eigene Fischgründe oder Fangprivilegien. Alteingesessene Patrizier und Handwerker, die sich durch ihre Tüchtigkeit einen Platz weiter oben in der sozialen Rangfolge ergattert hatten, verfügten über eigene „Fischwasser" – Teichwirtschaften, wie man heute sagen würde. Ihre Köche ließen sich zahlreiche Rezepte einfallen, damit den katholischen Herren die Fastenzeit nicht zur kulinarischen Öde geriet. Noch heute gehören zur feinen bayerischen Küche zahlreiche, höchst mannigfaltige Fischgerichte. Im Dorfgasthof dagegen bekommen Sie höchstens die „Forelle blau" – häufig übrigens sehr delikat zubereitet. Die einfachen Leute früher begnügten sich mit Stockfisch und Hering. Oder sie verzichteten ganz auf Fisch.

Erst gegen Ende des 19. Jahrhunderts, dank moderner Kühl- und Transporttechnik, bekam dann jedermann seinen Fisch am Freitag. Doch auch beim Fisch aus dem Meer hielt man sich an die traditionellen Zubereitungsarten: Der Schellfisch wurde wie Karpfen im Wurzelsud gegart. Den Waller, den die Mönche aßen, ersetzte man durch Kabeljau und servierte ihn nach altem Klosterrezept in Dillsauce. Und das Goldbarschfilet bereitete man genauso zu, wie die Köchin aus dem reichen Patrizierhaus mit dem Saibling verfuhr: im eigenen Saft gegart und mit einem Stückchen Butter verfeinert.

Genau wie beim Fisch unterschied man auch beim Fleisch zwischen hoch und niedrig. Geflügel, Kalb, Lamm und Rind kam auf die Tische der wohlhabenden Bürger und Edelleute. Pfauen im vollen Federkleid, Schwäne und andere kulinarische Kinkerlitzchen blieben den hohen Festmählern des Adels vorbehalten.

Die bayerische Fleischküche hat nach Ende des Dreißigjährigen Krieges, 1648, eine Menge Einflüsse von außen aufgenommen, zum Teil abgewandelt: Schnitzel und Gulasch aus dem Osten, Eintöpfe mit Fleisch und Gemüse aus dem Norden, Frikassee und Ragout aus dem Westen.

Die bürgerliche Karriere einer fürstlichen Zierpflanze
Als die Kartoffel Mitte des 16. Jahrhunderts aus ihrer Heimat Südamerika nach Europa kam, bereicherte sie noch lange nicht den festlichen Speiseplan von Adel und Klerus. Auch nicht den alltäglichen von Bürgern und Bauern. Sie landete zunächst als Exotin in fürstlichen Lust- und medizinischen Lehrgärten. Man wußte zwar, daß man die Knolle essen könne, doch man schrieb ihr Heilkräfte und Rauschwirkung zu. Daß sie nach 1750 allmählich zum unentbehrlichen Grundnahrungsmittel avancierte, verdankt sie weder gelehrten Empfehlungen noch politischen Verordnungen. Eher wirtschaftlicher Not: Getreide war anfällig für schlechte Witterung; vernichtete Ernten bedeuteten höhere Preise und Hunger. Der Anbau von Kartoffeln schuf Abhilfe, konnte man doch die Knollen nicht nur gekocht anstelle von Getreidebrei essen, sondern Kartoffelmehl sogar im Brot verbacken. Ausgehend von der Oberpfalz wanderte die Kartoffel dann nach Niederbayern. Das reichere Oberbayern sperrte sich.
Das änderte sich erst gegen Ende des 18. Jahrhunderts. Ob das wohl mit dem „zug'roasten" Kurfürsten zusammenhing? 1777 war die bayerische Linie der Wittelsbacher ausgestorben. Am 2. Januar 1778 kam Karl Theodor, der Pfälzer Wittelsbacher, in Mün-

Ohne die Klostergärten – hier auf Frauenchiemsee –, in denen Nonnen und Mönche im Mittelalter manch würziges Kraut erprobten und neues Gemüse zogen, wäre unsere Küche um einiges ärmer.

chen an. Mit ihm kamen ein paar fähige Minister. Nun verbesserte sich die soziale Lage der Bauern, Straßen wurden gebaut, das Donaumoos kultiviert. Graf Rumford, der gebürtige Amerikaner, verhalf den Münchnern 1792 zum Englischen Garten. Und er machte die Kartoffel, in der fortschrittlichen Pfalz seit Jahrzehnten bereits angebaut und gegessen, so populär, daß sie nun endlich in ganz Bayern auf die Felder kam.

Auf die Teller kam die Knolle zunächst nur in den bürgerlich-städtischen Haushalten. Noch 1781 berichtet der Berliner Friedrich Nicolai von seiner Reise nach Bayern, daß die Bauern dort Kartoffeln zwar pflanzen, sie aber nicht essen, sondern lieber an die Schweine verfüttern.

Doch die Kartoffeln wurden beim Bürger in der Stadt immer beliebter, Köchinnen fanden neue, schmackhafte Zubereitungen. Ein Augsburger Kochbuch aus dem Jahre 1819 nennt Rezepte von der Suppe bis zur Torte – alle mit den neumodischen „Erdäpfeln".

Dienstmädchen, die ja oft vom Land stammten, brachten diese Ideen dann heim ins Bauernhaus. Bald gab es Kartoffelsalat oder Kartoffelknödel auch bei der Bau-

Politisch gehört der größte Teil des Allgäus seit beinahe zweihundert Jahren fest zu Bayern. Die Menschen und ihre Häuser, wie dieses schindelverkleidete im Hintersteiner Tal, sind indes bis heute eigenständig geblieben.

Ein glückliches Leben führt diese Promenadenmischung, eine Kreuzung aus Haus- und Wildschwein.
In Bayern, wo viele Bauern wieder ökologisch wirtschaften, werden Tiere immer häufiger artgerecht gehalten.

ernhochzeit, bei der Kindstaufe und an Martini zur Gans. Wenn die Städter die Erdäpfel so gerne mochten, mußten sie ja was Besonderes sein! Schließlich aß man Kartoffeln auch am normalen Sonntag. Die beliebten Mehlspeisen in der Alltagsküche ersetzten Kartoffeln erst seit etwa 1930.

Mehlsuppen, Schweinernes und Fastenküche

Brei, Grütze und Suppe aus Roggen oder Hafer waren jahrhundertelang Alltagskost der einfachen Leute. Manches hat sich erhalten: Brennsuppe zum Beispiel; das Rezept zum Nachkochen steht auf Seite 70. Oder die „Ei'g'rührte", eine Mischung aus zwei Dritteln Buttermilch, einem Drittel normaler Milch, angedickt mit Mehl. Traditionsbewußte Bäuerinnen, vor allem in Niederbayern, kochen diese Suppe immer noch – höchst delikat, fein gewürzt und gerade richtig sämig. Typische Beilagen sind heute Bratkartoffeln oder Schwarzbrot.
Sauermilch und Buttermilch – als Zukost zum Getreide – werden in Speiseplänen immer ausdrücklich von der „süßen" Milch unterschieden. Diese war Getränk und gehörte zum Alltag. Bei Festen trank man Bier.

Wer es sich leisten konnte, aß Fleisch; am Fleischverbrauch kann man immer den Grad des Wohlstandes messen. Favorit bei den Bauern war gekochtes Schweinefleisch. Denn Braten, wie wir ihn heute kennen, mit röscher Kruste und aromatischer Sauce, zählte zur „Herrenspeise". Dazu brauchte man nämlich einen Spieß und Dienstboten, die ihn drehten. So komfortabel aber ging es in den Küchen der einfachen Leute natürlich nicht zu. Sie besaßen Topf und – im besten Falle auch eigene – Feuerstelle.
Die Vorliebe für Schweine hatte zwei weitere Gründe: Erstens war das Tier fett. Und Fett brauchten die schwer arbeitenden Bauern, Tagelöhner und kleinen Handwerker, denn es ist die wichtigste Energiequelle. Zweitens konnte man dieses Haustier komplett verwerten. Selbst Schwarte und Blut kochte man noch zusammen mit Grütze oder Mehl und bekam so eine warme, nahrhafte Mahlzeit. Übrigens hat sich auch diese deftige Küche erhalten: im köstlichen, sauer-scharf abgeschmeckten Ochsenmaulsalat, den Sie beim bayerischen Metzger kaufen, in der Knöcherlsülz, die Sie in der urigen Wirtschaft mit Genuß verspeisen können. Denn Tiermaul

und Füße gehörten damals zur Küche der Armen. Und Beuscherl (Lunge) mit Knödeln war bis zum 19. Jahrhundert das Leibgericht von dienstbaren Geistern und Tagelöhnern.
Anderes, was wir heute noch schätzen, ist aus Fastenspeisen entstanden: Käsespätzle zum Beispiel oder Aufläufe ohne Fleisch. Auch die Mandelsulz, in der klassischen Küche *Blancmanger* genannt, stammt aus der Klosterküche. Die berühmten Terrinen erfand man, weil man immer neue Zubereitungen für Fisch suchte und das Auge täuschen wollte, indem man die Farce aus Fischfleisch, Gewürzen, Mandeln und Reismehl zu Würsten oder gar Geflügel formte.

Auch Gemüse kam aus den Klostergärten in die Küchen. Nicht, daß sich die frommen Brüder anno dazumal etwa als Gemüsehändler betätigt hätten. Doch die Mönche beherrschten die Kunst, aus wilden Pflanzen mit strengem Geschmack sanfte Gemüse zu züchten. So haben wir Gurken und Kürbisse, Kohlrabi und Möhren, Lauch und Zwiebeln, Rettich und Salat der Experimentierfreude von Klostergärtnern zu verdanken.
Apropos Salat: Er spielte immer eine große Rolle in Bayern, wahrscheinlich durch den Einfluß Italiens. Wie ja auch das Wort vom italienischen *insalata* abgeleitet und seit dem 15. Jahrhundert gebräuchlich ist. Salat machte und

Landschaft mit „freilaufenden" Kühen im Lamer Winkel. Lam, im 13. Jahrhundert als Rodungssiedlung entstanden, ist Ausgangspunkt für Wanderungen auf den Arber, den höchsten Berg des Bayerischen Waldes.

Typisch für die Festtagstracht der Frauen: Blumenschmuck am Mieder – auf bayerisch: „Bleamln am Balkon" (oben). Am Tegernsee wohnen nicht nur Bonzen, dort wirkten auch Berühmtheiten wie Ganghofer, Thoma und Olaf Gulbransson. Auf dem Bild rechts Rottach-Egern mit seiner Pfarrkirche St. Laurentius.

macht man am liebsten aus Kraut oder Rüben, Kartoffeln und allen möglichen grünen Blättern. Gegartes Gemüse aber begegnet einem auf bayerischen Tellern auch heute noch meist in einer Form, die den Gourmet erbleichen läßt: zerkocht und/oder von einer dicken Mehlschwitze erschlagen, angereichert mit Speck und Schmalz. Deshalb sind die Gemüserezepte in diesem Buch auch keine Originale von anno dazumal, sondern moderne Varianten.

In alten bayerischen Kochbüchern finden Sie auch „Zug'mias". Das ist nicht dasselbe wie Gemüse, obwohl das bayerische Wort einfach vom hochdeutschen abgeleitet ist. Zug'mias ist alles, was an Festtagen zum Fleisch serviert wird: also außer Gemüse und Salaten auch Brot und – etwa ab dem 19. Jahrhundert – Kartoffeln. Das klingt nach „Beilage" im heutigen Sinn, ist es aber nicht. Denn zum Zug'mias rechnete man auch Süßspeisen, kurz: alles, was ein Festessen so richtig abwechslungsreich machte.

Festtafel bei Hofe

Am 14. November 1475 fand in Landshut ein gewaltiges Hochzeitsmahl statt: Herzogssohn Georg, der vier Jahre später die Regierung übernahm und mit dem Beinamen „der Reiche" versehen wurde, ehelichte die polnische Königstochter Jadwiga, die fortan Hedwig hieß. Der Über-

Die „Landshuter Fürstenhochzeit" wird alle vier Jahre in historischen Kostümen mit Umzug und Turnieren gefeiert.

lieferung nach hat Hedwig ihre prunkvolle Hochzeit – eine der eindrucksvollsten des Spätmittelalters – nicht genossen: Selbst vor dem Traualtar war sie in Tränen aufgelöst.
Die noch erhaltene Menükarte zeigt, wie sich die Fürstentafel gebogen haben muß: Rund 25 Gänge wurden serviert, darunter für uns Heutige so Ungewohntes wie Schweinskopf, Hühner mit Rosinen, gesülzte Spanferkel-Leber oder Preßsack mit Erbsenbrühe. Anderes essen auch wir noch gerne: frische Bachforellen, gesottenes Schweinefleisch, gebratenes Ochsenfleisch, Gänsebraten mit gedünstetem Kraut und – Schlagrahm! Bürger waren von dieser kulinarischen Schau ausgeschlossen, Adel und Klerus blieben unter sich.
Daran hatte sich auch zweihundert Jahre später noch nichts geändert, unter dem verschwenderischen Max Emanuel. Der Kurfürst liebte Essen und Trinken. Allerdings rührt sein Beiname „der blaue Kurfürst" nicht etwa von überreichlichem Alkoholgenuß her. Diesen Titel haben ihm die Türken verliehen, denn der bayerische Kämpe trat im Krieg gegen die „Ungläubigen" in einem blauen Uniformrock auf.
Wenn der Kurfürst nicht gerade an Kriegen teilnahm oder in der großen Politik mitmischte, vertrieb man sich bei Hofe die Zeit mit seltsamen Scherzen: So ließ Max Emanuel einmal den kleinwüchsigen François de Cuvilliés, damals noch „Kammerzwerg", also fürs Amüsement seines hohen Herrn zuständig, aus einer frisch gebackenen Pastete heraustreten. Max Emanuel entdeckte auch das künstlerische Talent des jungen Mannes und ließ ihn zum Architekten ausbilden. Dem genialen Mann hat Bayern die Glanzpunkte der Rokokoarchitektur zu verdanken.
Während man in der Münchner Residenz praßte, lebte der Tagelöhner draußen von Wassersuppe und Haferschleim. Und wem es besonders gut ging, der bekam ein Stück Fleisch ... einmal im Jahr!
Wiederum zweihundert Jahre später war der fürstliche Aufwand beim Essen nicht mehr so spektakulär. Festliche Gelage gab es zur Zeit Ludwigs II. kaum. Denn der „Kini", wie Urbayern ihren Märchenkönig noch immer liebevoll nennen, mochte nicht feiern. Und gegessen hat er am liebsten allein. Wie er in seinen letzten Lebensjahren überhaupt lieber allein war: Von etwa 1879 bis zu sei-

nem Tod im Jahre 1886 haben ihn nur noch wenige Menschen gesehen. Seine berühmten Schlösser Neuschwanstein, Linderhof und Herrenchiemsee bekamen nur Auserwählte zu Gesicht. Der Blick des gemeinen Volkes dagegen würde sie „besudeln“, fand der König. Armer Ludwig! Gut, daß er nicht weiß, welche Menschenmassen alljährlich zu diesen „Weihestätten“ pilgern.

Doch manchmal hat der einsame König auch Feste ausgerichtet: so am 30. April 1873 anläßlich der Vermählung seines Cousins, des Prinzen Leopold von Bayern. Die Braut war Erzherzogin Gisela, Tochter von Kaiser Franz Joseph und Elisabeth, besser bekannt als „Sisi“. Interessant die Menükarte: nicht mehr so Seltsames wie ein paar hundert Jahre zuvor in Landshut, sondern ganz Vertrautes wie zum Beispiel Schildkrötensuppe, Spießchen mit Gänsestopfleber, Lachs, Rinderfilet mit grünen Bohnen, Geflügel und Rehbraten, Spargel, Eis und Ananas. Die Unterschiede zwischen höfischer und großbürgerlicher Küche bestehen Ende des 19. Jahrhunderts nicht mehr. Gefragt ist die repräsentative Küche französischer Prägung. Die jeder genießen darf, der es sich leisten kann.

Heute ziehen sie Millionen von Besuchern an: die Königsschlösser Neuschwanstein (links) und Hohenschwangau (rechts). Ihre Erbauer Ludwig II. und sein Vater Maximilian II. wollten in diesem steinernen Prunk vor allem ihre Ruhe haben.

Bayerns flüssige Nahrung

Prost, Anton (Franz, Xaver, Max oder wie du auch heißen magst)! Wir wollen gerne mittrinken …

Bier ist eines der ältesten alkoholischen Getränke. Woraus folgt, daß die Bayern es nicht erfunden haben, obwohl sie es manchmal selbst glauben. Bier gab es schon bei den Sumerern und im alten Ägypten. Jedenfalls deuten Bilder in Grabkammern darauf hin. Erst für das Reinheitsgebot sind dann wieder die Bayern zuständig: Die Verordnung aus dem Jahr 1516, die Herzog Wilhelm IV. und sein mitregierender Bruder Ludwig X. erließen, besagt, daß Bier nur Gerstenmalz, Wasser und Hopfen enthalten darf, den man seit dem frühen Mittelalter zur Bierherstellung verwendet. Stolz vermerken die Bayern, daß der beste Hopfen aus der Hallertau stammt, auch Holledau genannt, einem Gebiet zwischen Ingolstadt, Regensburg und München. Dort, im sanft welligen Hügelland mit mildem Klima und sandigen Böden, stehen die Pflanzen dicht an dicht, ranken hinauf an sieben Meter hohen Stangen, die mit Drähten verbunden sind.

Bier ist in Bayern so wichtig, daß man die bekannten Brauerfamilien gar als „Dynastien" bezeichnet. Aus einer davon stammt eine Berühmtheit: Richard Strauss. Er wurde am 11. Juni 1864 am Altheimer Eck Nummer 2 in München als Enkel von Georg Pschorr geboren. Schon die Mutter hatte es weg vom Bier und hin zur Kunst gezogen: Josephine Pschorr, ihrerseits Enkelin des ersten Brauer-Pschorr, hatte den königlich-bayerischen Hornisten Franz Strauss geheiratet. Die Pschorrs bekamen das Revolutionsjahr 1848 auf bayerische Art zu spüren: Während ganz Europa sich für Bürgerrechte, Verfassung und soziale Gerechtigkeit stark macht, entzündet sich der Volkszorn in München an – der Erhöhung des Bierpreises!

Zum Bierbrauen wird Gerste mit Wasser vermischt, damit sie keimt. Dieses „Grünmalz" trocknet und röstet man bei 80 °C für helles oder bei 105 °C für dunkles Bier. Das dabei entstandene „Darrmalz" wird von den Getreidekeimen befreit, geschrotet und mit Wasser vermischt wiederum erhitzt. Bei diesem „Maischen" wandelt sich die Stärke in der Gerste um in süßen Malzzucker, und es entwickelt sich die Würze. Diese kocht man etwa zwei Stunden lang mit Hopfen. Dabei ergibt die Malzsüße in Verbindung mit dem bitteren Hopfen den typischen Biergeschmack: Mehr Hopfen macht das Bier herber und herzhafter, weniger läßt es süßer,

vollmundiger und malziger schmecken. Außerdem sorgt der Hopfen, der sich beim Kochen auflöst, für die Schaumbildung und tötet unerwünschte Keime ab. Beim Kochen verdampft auch Wasser, so daß sich eine bestimmte Würzekonzentration ergibt. Zu dieser Stammwürze kommt nun Hefe und bewirkt die Gärung: Untergäriges Bier wird in großen, offenen Bottichen bei 5 bis 10 °C vergoren. Dabei haben sich nach sieben bis zehn Tagen 85 bis 90 Prozent der Kohlenhydrate in Alkohol umgewandelt, die Hefe am Boden abgesetzt. Bei obergärigem Bier verwendet man andere Hefen, gärt bei 15 bis 20 °C nur zwei bis fünf Tage. Danach schwimmt die Hefe als weiße Schicht auf dem Bier; daher der Name „Weißbier".
Das junge Bier füllt man in Fässer und lagert es bei 0 °C ein bis vier Monate zum Nachgären und Reifen. Je länger die Lagerung desto besser. Vor der Abfüllung in Flaschen muß es noch gefiltert werden, damit es sich hält. Immer mehr Bierfans schwören aber auch auf ungefiltertes Bier, weil es noch besser schmeckt.
Das Biersteuergesetz unterscheidet nach dem Stammwürzegehalt: Einfachbier mit bis zu 5,5 Prozent wird heute nicht mehr gebraut. Auch Schankbiere mit einer Stammwürze bis 8 Prozent sind selten, gewinnen aber als alkoholfreie und alkoholarme (Leicht)-Biere zunehmend an Bedeutung.

... und wir gehen auch einmal mit dir nach München aufs Oktoberfest, zur Wies'n, bewundern dort die Kellnerin, wie sie zehn Maßkrüge mit geübtem Schwung am Tisch verteilt.

Was einem Biertrinker alles passieren kann, haben sich Volkskundler erzählen lassen:

- *Wer Bier bis auf den letzten Tropfen austrinkt, trinkt die eigene Kraft und die eines anderen.*
- *Wer den Schaum vom Bier bläst, bevor er trinkt, begibt sich in die Gewalt von Hexen.*
- *Ein Schaumring beim Einschenken verheißt Glück.*
- *Wirft ein Mädchen bei einer Hochzeit ein Bierglas um, bekommt sie ein uneheliches Kind.*
- *Reichlich Biertrinken an Fasching schenkt langes Leben.*

Die meisten Biere sind Vollbiere mit 11 bis 14 Prozent Stammwürze und bis über 5 Prozent Alkohol. Zu diesen Vollbieren gehört das „Märzen". Früher braute man dieses untergärige Bier nur in München und nur bis zum Monat März. Den Sommer über lagerte es in Kältestollen. Damit es sich besonders lange hielt, wurde es auch besonders stark gebraut.
Heute ist das bernsteinfarbene Märzen ein richtiges Festbier mit etwa 5 Prozent Alkohol und nur leicht bitterem Geschmack.
Starkbiere, anno dazumal in Klöstern als „flüssige Nahrung" zum Überstehen der Fastenzeit gebraut, bringen über 16 Prozent Stammwürze und einen Alkoholgehalt bis zu 7 Prozent ins Glas.
Zu den Starkbieren zählt auch das oder der Bock, bei dem nicht das gleichnamige Tier Pate stand, sondern die niedersächsische Stadt Einbeck, in der das Bier zuerst gebraut wurde. Die reichen Münchner, die sich im 16. Jahrhundert ihr Bier von dorther schicken ließen, nannten es „oan Bock". Der Name ist geblieben, diese Sorte wird heute aber in verschiedensten Orten in ganz Deutschland hergestellt.
Weißbier ist obergäriges Bier. Man braut es überwiegend mit Weizen – daher auch Weizenbier –, setzt des kräftigen Geschmacks wegen aber auch Gerstenmalz zu. Hefeweizen sind die trüben Sorten, die noch einen Teil der Hefe enthalten.
Der Kenner unterscheidet beim Bier aber nicht nur nach Sorten, sondern auch nach Brauereien – und davon gibt es eine ganze Menge, auch auf dem Land.
In Bayern gibt's außer Bier auch noch anderes zu trinken: Einen Teil der frisch geernteten Birnen, Zwetschgen und Äpfel verarbeitet man zu Säften. Das Gros aber wird zu Obstler, hochprozentigen Tropfen, die selbst den „Boandlkramer" so besoffen machen, daß er seinen himmlischen Auftrag vergißt. Für alle Nicht-Bayern: Die Rede ist vom Brandner Kasper, der, als der Tod ihn holen will, erst mal die Flasche Obstler auf den Tisch stellt und mit dem dürren Gesellen um sein Leben zecht. Da der Kasper dem Obstler schon immer eifrig zugesprochen hat, steht der abstinente Tod auf verlorenem Posten und muß unverrichteter Dinge wieder abziehen. Denn der Kasper trinkt ihn locker unter den Tisch und gewinnt noch die Lebensjahre, die er zu brauchen vermeint.
Natürlich kann es auch – oder

gerade? – in Bayern nicht gutgehen, wenn man die himmlischen Pläne durcheinander bringt. Und deshalb ... Nein, ich werde Franz von Kobells „G'schicht von' Brandner Kasper" nicht zu Ende erzählen.
Kein Obstler, aber ähnlich in der Herstellung und ebenfalls ein klarer Schnaps: der „Enzian". Die Empfehlung als Hilfe gegen Schlangenbiß ist zwar naturheilkundlich belegt, doch überholt, denn diese Tiere haben in Bayern angesichts der vielen Wanderer und „Mountainbiker" bereits Reißaus genommen. Die verdauungsfördernde Wirkung aber tut immer noch wohl nach einem deftigen bayerischen Essen. Und zeigt sich schon nach einem Gläschen. Mehr sollten es auch nicht sein, denn dieses klare, würzige Wässerchen aus der Wurzel des gelben Enzians hat immerhin 40 Prozent Alkohol.

Biergärten in München

Es gibt eine ganze Menge davon – mitten in der Stadt und drumherum. Seit man gemerkt hat, daß sich Touristen allein von dem Wort „Biergarten" geradezu magisch angezogen fühlen, heißt so schon manch handtuchgroße Rasenfläche mit einem mickrigen Bäumchen drauf. Trend-Biergärten bieten übrigens auch diverse Salate, Gegrilltes und Wein feil. Der echte Münchner meidet dergleichen Etablissements.
In Biergärten trinkt man – der

Das Münchner Hofbräuhaus als Kulisse für einen prächtigen Vierspänner mit eigens zum Oktoberfest gefüllten Fässern. In Wirklichkeit gelangt das Bier oft in Containern dorthin – wie überall, wo die Wirte den Umsatz in aberhundert Hektolitern messen.

In ganz Bayern finden Sie Plätze zum Verweilen, zum „Ratschen", zum Biertrinken und Brotzeitmachen – einige davon sind so wunderschön wie der Garten des Klosters Weltenburg an der Donau. Probieren Sie Schweinswürstl mit Kraut, Leberkäs, Wurstsalat oder „g'stinkertn Kas", wie der Romadur in Bayern so treffend heißt. Denn mit einer kräftigen Unterlage schmeckt das dunkle, herrlich aromatische Bier noch besser und noch länger.

Name sagt es bereits – Bier, und zwar in Mengen, die den Fremden erstaunen mögen. Außerdem ißt man was dazu: vorzugsweise „Radi", also Rettich, der als Turm auf einem Holzteller prangt und sich wie eine Spirale auseinanderziehen läßt. In vielen Biergärten kann man sich die Brotzeit selber mitbringen; der Wirt verdient genug am Bier.

Mein Lieblingsbiergarten liegt nördlich von Botanischem Garten und Schloß Nymphenburg im „Kapuziner Hölzl". Zum Schloß gehörten Grund und Gebäude einst auch: Die „Fasanerie" war, wie der bekannte „Hirschgarten", Jagdrevier der Wittelsbacher. Denn damals lag Nymphenburg, Sommersitz der bayerischen Herrscher, noch weit draußen vor der Stadt. Max Emanuel, der „Blaue Kurfürst", ließ die „Villa suburbana" seiner Mutter Henriette Adelheid grandios erweitern. Außerdem hatte er den Plan, die Münchner Residenz mit den Schlössern Nymphenburg, Schleißheim und Dachau zu verbinden. Daraus wurde nichts – wie so oft bei diesem Fürsten, dessen Regierungszeit eine Folge von unerfüllten Hoffnungen und eitlen Träumen war.

TYPISCH BAYERISCH

Liesl Karlstadt war über Jahrzehnte kongeniale Partnerin von Karl Valentin, in hunderten von Dialogen und Sketchen auf der Bühne, im Film, auf Schallplatte perfekt auf den finsteren Humoristen eingespielt. Schön, wie sie beide bis heute verehrt werden – die stets frischen Blumen an ihren Gedenkbrunnen auf dem Münchner Viktualienmarkt beweisen es.

Essen und Trinken hält Leib und Seele zusammen. Auch in Bayern. Wo es so weltbekannte Schmankerl wie Weißwurst und Leberkäse, Knödel und Dampfnudeln gibt. Nicht zu vergessen das Bier, ohne das man sich Bayern gar nicht vorstellen kann.

Wie so vieles von Weltrang verdankt auch die Weißwurst ihre Existenz dem Zufall: Am 22. Februar 1857, mitten im Fasching, waren dem Metzgergesellen Sepp Moser die dünnen Därme für Kalbsbratwürste ausgegangen. Aber die Würste mußten her, und so füllte der Moser das Brät einfach in die nächstgrößeren Därme. Weil's in der Küche auch pressierte (eilte), sparte man sich die Arbeit mit dem Abbräunen der Würste und servierte sie den hungrigen Gästen gleich aus dem Brühkessel. Ein Hit war geboren und wurde bald von anderen Münchner Metzgern kopiert.

Beim Weißwurstessen kann man Einheimische und Fremde unterscheiden. Wer nachmittags um drei „zwei Paar Weißwürste“ ordert, diese dann der Länge nach aufschneidet oder gar in Scheibchen geschnitten aufs Brot legt und mit scharfem Senf garniert, der stammt von irgendwoher. Aber bestimmt nicht aus München. Denn die Weißwurst und ihr Genuß unterliegen ehernen Gesetzen:

Erstens darf sie das „Zwölf-Uhr-Läuten nicht erleben“. Früher, als man Lebensmittel noch nicht ausreichend kühlen konnte, hatte das seinen Sinn: Weißwürste bestehen aus frischem Schweine-, Rind- und Kalbfleisch, außerdem Schwarten, Speck, Bindegewebe, Petersilie und feinen Gewürzen, werden bei 70 °C etwa 20 Minuten „gebrüht“. Solche Würste sind leicht verderbliche Köstlichkeiten, die morgens hergestellt wurden und mittags verzehrt sein sollten. Das gilt auch heute noch – allerdings nicht wegen der Haltbarkeit, sondern wegen des Geschmacks. Die Sitte, als Abschluß einer Party um Mitternacht Weißwürste zu servieren, hat denn gewiß auch kein Bayer erdacht.

Zweitens bestellt man Weißwürste nie paar-, sondern immer stückweise und – zollt ihnen damit die stille Verehrung, die ihnen als kulinarischem Juwel gebührt. Außerdem sind die flaumigen Dinger eine recht deftige Sache, die man nicht so runterputzen kann wie vier Paar Wiener.

Drittens gibt es zwei Methoden, Weißwürste fachgerecht zu verspeisen: Entweder werden sie „ausgezuzelt", also vom Ende her ausgesaugt, wobei man sie hin und wieder in Senf taucht. Die feinere – und trotzdem bayerische! – Art: die Wurst einmal in der Mitte quer halbieren und jede Hälfte der Länge nach bis auf die Haut aufschneiden. Und nun wird jedes Viertelchen mit Hilfe des Messers aus der Haut gestreift, in Senf getaucht und mit der Gabel gegessen.
Viertens gehört zu Weißwürsten der gleichnamige Senf: süß, grobkörnig und so würzig, daß er der milden Wurst das I-Tüpfelchen verleiht. Außerdem ißt man Brez'n oder „Remische" dazu, Brötchen aus Roggenmehl, gewürzt mit Kümmel.
Der Leberkäse ist die andere Spezialität, über die es nichts „zum Dischkriern" gibt, wie der Bayer sagt. Damit erklärt er ausdrücklich, daß er sich keinesfalls mit den zahlreichen Spötteleien zum Thema „Leberkäse" – der sich in Bayern dadurch auszeichnet, daß er weder Leber noch Käse enthält – befassen wird. Und er wird auch gar nicht zuhören, wenn ihm der Fachmann sagt, daß sein geliebter „hoaßer Lebakas" kein besonders hochwertiges Erzeugnis, aus gepökeltem Schweinefleisch und einigen anderen Zutaten, ist. Sondern ihn weiter zur Brez'n, zu

Wer sonst als Karl Valentin und Liesl Karlstadt, diese Jahrhunderterscheinungen unter den bayerischen Komikern, könnten das andere Bayern – das nachdenkliche, überhaupt nicht krachlederne, das meist ernste – besser verkörpern?

Und noch eines mag typisch bayerisch sein, die verwurzelte Frömmigkeit, die so stark auf die Sinne wirkt. Jedenfalls wie geschaffen für „Augenmenschen“: der Dreiklang der Pausbacken von Maria, dem Jesuskind und der Kirchturmzwiebel im niederbayerischen Deggendorf.

süßem Senf und einer „Halben“ genießen.

Bayerisch wirken auch die Kartoffelknödel zum Schweinsbraten, die Leberknödel zum Sauerkraut und die Grießnockerl in der klaren Rindssuppe. Doch sie kommen von weither. Bauernknödel aus Mehlteig (Rezept Seite 150) stammen – wie übrigens auch der Serviettenkloß – aus dem Norden, wo man auch heute noch den Mehlbeutel ißt. Kartoffelknödel dagegen sind aus dem Osten, vielleicht aus Polen, über Thüringen nach Bayern gewandert. Die Frage, weshalb Knödel rund sind, ist kein Scherz, sondern von seriösen Wissenschaftlern beantwortet worden: vermutlich, weil Rundgeformtes im Volksglauben Glück verheißt. Deshalb hat man Brotteig nicht nur in Fladen, sondern auch in runden Semmerl gebacken.

Nockerl hat der Bayer südlicher Kochkunst zu verdanken. Von den italienischen Gnocchi unterscheiden sie sich in der Art der Zugabe: Nicht Sauce war gefragt – die aß man lieber zum Fleisch –, sondern Suppe. Und so wurden Nockerl vor etwa dreihundert Jahren populär, als man richtige Einlagen in klarer Brühe schätzen lernte. Zuvor gab es dicke Suppe, vor allem aus Getreide, aber auch Gemüse. Wie Sie Nockerl und auch Schöberl, eine aus Wien stammende Suppeneinlage, am besten zubereiten, ist auf Seite 74 zu lesen.

So berühmte Mehlspeisen wie Dampfnudeln und Aus'zogene (Nudeln) kennt man etwa seit dem 16. Jahrhundert. Nudeln von damals gleichen überhaupt noch nicht den heutigen Spaghetti, Bandnudeln oder Makkaroni, sondern sind knödelartige Gebilde. Verwandt sind übrigens auch die Wörter: Aus dem regionalen „Knuddel“ für Knödel oder Kloß ist „Nudel“ entstanden.

Strudel, die aus dem Orient und mit den Türken nach Westen gewandert sind, kamen erst im 18. Jahrhundert durch die Vermittlung der Wiener Küche nach Bayern. Sicher durch die zahlreichen (ehelichen) Verbindungen, die zwischen Wittelsbach und Habsburg bestanden: Max Emanuels erste – ungeliebte – Gattin war Tochter des Kaisers in Wien. Und sein Sohn heiratete ebenfalls eine Habsburgerin.

Essen bei den Mönchen

„Ora et labora" – als sich die Benediktiner im 6. Jahrhundert ihr oft zitiertes Leitmotiv „bete und arbeite" gaben, war Handarbeit noch allein Sache der Bauern und Dienstboten. Adlige und vornehme Bürger krümmten damals und bis in die Neuzeit keinen Finger. Mönche und Nonnen dagegen – zum größten Teil Kinder höchst edler, oft reicher Familien – schufteten auf den Feldern, in Haus, Küche und Hof, versorgten Arme und Kranke. Ihr gutes Beispiel nahm der Arbeit allmählich den Makel der Ehrlosigkeit.

Eine breite Straße führt auf den „Heiligen Berg". Dabei täte den fröhlichen Zechern, die im „Bräustüberl" allzu eifrig dem weit gerühmten Andechser Bier zusprechen, der lange, wunderschöne Wanderweg hinunter nach Herrsching viel besser. Wir sind ihn früher mit der ganzen Familie gegangen – vor dreißig Jahren, als Kloster Andechs noch ein richtiger Ausflugsort auch für die Einheimischen war. Ich gehe ihn auch heute noch, wenn ich Gästen von auswärts die Wallfahrtskirche zeige und danach mit ihnen im Bräustüberl Brotzeit mache. Der tiefverschneite Wald im Winter, die blumenübersäten Wiesen im Sommer entschädigen mich dann für den Rummel, ohne den Andechs heute leider nicht mehr auskommt.

Der Heilige Berg hat aber auch einiges zu bieten: Schon im 12. Jahrhundert, als auf ihm noch die mächtigen und reichen Grafen von Andechs residierten, deren Herrschaftsgebiet weit über den Ammerseeraum hinaus bis ins Eisack- und Pustertal reichte, war er Wallfahrtsort – vermutlich der älteste Deutschlands. Nach dem Tod des letzten Andechsers, 1248, griffen die Wittelsbacher zu und richteten erst mal Schaden an: Beim Schleifen der Burg verschwand nämlich die Truhe mit den Reliquien. Sie barg Teile der Dornenkrone Christi und die berühmten drei Hostien aus dem Heiligen Land, die Andechs' Grafen während eines Kreuzzuges ergattert hatten. Eine Wallfahrt ohne Reliquien war natürlich nicht so sensationell, und so ging die Zahl der frommen Pilger langsam, aber stetig zurück. Die Truhe tauchte im Jahre 1388 zwar wieder auf. Nur: Die Wittelsbacher gaben den wundersamen Schrein nicht her, sondern stellten ihn bei sich in der Münchner Hofkapelle aus – publikumswirksam, versteht sich.

Andechs mußte noch knapp siebzig Jahre ohne Schatz auskommen, erfreute sich jedoch der Gunst der hohen Herrn. Im Jahre 1438 gründete Herzog Ernst ein Kanonikerstift – vielleicht zusätzliche Sühne für die Ermordung der Agnes Bernauer, die er aus Gründen der Staatsraison drei Jahre zuvor angeordnet hatte. Denn dem Herzog lag diese Tat offenbar auf der Seele, ließ er seiner „heimlichen Schwiegertochter" doch eine Gedächtniskapelle auf dem Straubinger Petersfriedhof errichten. Sein Sohn, Herzog Albrecht III., der Fromme, gab

Andechs dann den Benediktinern, die beim Umzug vom Kloster Tegernsee auch den Reliquienschatz mitbrachten und seit 1455 auf dem Heiligen Berg beten und arbeiten – getreu der Regel ihres Ordensgründers, Benedikt von Nursia. Klar, daß mit Mönchen und Schrein auch die Pilger wiederkamen.
Apropos arbeiten: Dem Kloster angeschlossen ist die Landwirtschaft. Seit 1991 stellen die Mönche auf alternativen Landbau um – mit Freilandhaltung der Kühe und Kälber, umweltfreundlicher Entsorgung des Dungs, Verzicht auf Chemie beim Pflanzenschutz.
In der Klosterbrauerei werden fünf Biersorten gebraut und in der stattlichen Menge von etwa 90000 Hektolitern pro Jahr unters Volk gebracht. Circa 10000 Hektoliter davon trinken die Besucher. Auch deren Zahl kann sich sehen lassen: Über eine Million kommen pro Jahr, um die – in Bayern gar nicht so seltene – Verbindung von geistlicher Demut, gläubigem Pilgertum, architektonischer Pracht, eifrigem Devotionalienhandel und kulinarischer Deftigkeit zu bestaunen und zu genießen. Wer im Andechser Wirtshaus oder im Bräustüberl einkehrt, bekommt Fleisch aus eigener Schlachtung, Wurst aus der klostereigenen Metzgerei. Außerdem Klosterkäse, „Radi“, Brot und Brez'n. Und natürlich Bier, wie sich das gehört.

Die Andechser Klosterkirche, um 1400 als gotischer Bau errichtet, brannte im Jahre 1669 nach einem Blitzschlag völlig ab und wurde 1670 wieder aufgebaut. 1751 gestaltete man den Innenraum im Stil des späten Rokoko. Die berühmten drei Hostien werden in der Heiligen Kapelle aufbewahrt. Für Musikliebhaber: In der Klosterkirche finden Konzerte statt – oft mit berühmten Interpreten.

Wo's nie nur um die Wurst ging

In der Regensburger „Wurstküche" an der Stadtmauer haben Bratwürste eine lange Tradition. Seit 1616 nach fast unveränderter Rezeptur gefertigt, schmecken sie bis heute Einheimischen und Auswärtigen.

Die eßbaren „Regensburger" sind zwar das Bekannteste an der Stadt. Doch weder das Wichtigste noch das Beste. Auch „historisch" sind diese Würste nicht, sondern eine moderne Rezeptur aus Rind, Schwein und Gewürzen. Historisch dagegen sind die Bratwürste, die es seit 1616 in der „Wurstküche" an der Stadtmauer gibt. Und geschichtsträchtig in hohem Maße ist die ganze Stadt: Ursprünglich waren die Kelten hier, dann kamen die Römer und tauften *Ratisbona* um in *Castra Regina*. Selbst nach dem Ende der Römerherrschaft war Regensburg noch immer für Volk und Vornehme so bedeutend, daß sich vermutlich von diesem Gebiet ausgehend der baierische Stammesverband bildete. Seltsam eigentlich, denn die Stadt lag ja keineswegs zentral, wie es sich für eine Metropole gehören würde, sondern ganz am Rand des späteren Stammesgebietes. Doch sie bot ihren Bewohnern einen wesentlichen Vorteil in diesen unruhigen Zeiten: Die Römer hatten ihr Legionslager mit mächtigen Mauern versehen. Und diese Befestigung war erhalten geblieben. Regensburg war also eine wehrhafte Stadt, in der sich Gesellschaft, Gewerbe und Handel entfalten konnten – ideal geradezu als Regierungssitz, wie wir heute sagen würden. Die Agilolfinger, Bayerns erstes Herzogsgeschlecht, sahen das wohl auch so. Jedenfalls machten sie *Reganespurc* im 6. Jahrhundert zur Residenz. Im 10. Jahrhundert begann Regensburgs Aufstieg zur führenden Stadt in Süddeutschland, mit Weltgeltung in Politik, Wirtschaft und Kultur – vergleichbar nur Köln, wo ebenfalls große Politik gemacht wurde.

Der „Regensburger Pfennig" war harte, sichere Währung, Garant des florierenden Handels mit Sklaven, Pelzen, Honig, Leder, Pferden und Salz. Das machte die Kaufleute reich und die Stadt berühmt: Der Bau der Steinernen Brücke über die Donau im 12. Jahrhundert galt den Europäern als Weltwunder. Zum Regensburger Reichstag kamen Kaiser und Könige, Fürsten und Grafen, Schmarotzer und Parvenus. Einige machten Geschichte, andere fabrizierten Histörchen. Nur wenige brachten beides und noch mehr zustande: so Kaiser Karl V., der mit der schönen Patrizierstochter Barbara Blomberg einen Sohn zeugte – zunächst ein ganz unbekannter Hans, später als Don Juan d'Austria Kriegsheld und

Statthalter der spanischen Niederlande. Die Affäre zwischen Habsburg und Regensburg ist in einem (modernen) Bronzestandbild des kaiserlich-bürgerlichen Sprosses verewigt.
Regensburg, die reiche Stadt, war aber auch Tor zu den ärmsten Regionen Bayerns – zum „Waldgebirge, das in dichter Schönheit zwischen Bayern und Böhmen nach Süden“ geht, wie Adalbert Stifter den Bayerischen Wald beschreibt. Und zur Oberpfalz, die Kurfürst Maximilian I. als Belohnung für seine Dienste im Dreißigjährigen Krieg vom Kaiser bekam. Doch besonders interessiert hat man sich in München nicht für das Land mit den steinigen Äckern, dem rauhen Klima und der vom Krieg schrecklich gebeutelten Bevölkerung. Seit 1628 kam es zu einem regelrechten wirtschaftlichen Abstieg der „Steinpfalz“, und Amberg, Residenzstadt der pfälzischen Wittelsbacher, verlor unter deren bayerischen Verwandten ihre Bedeutung. Wohlhabende Bürger

Zwei Regensburger Berühmtheiten auf einen Blick: die Steinerne Brücke über die Donau, schon gut achthundert Jahre voll in Funktion, und der Dom.

„Steinpfalz“ oder „Kartoffelpfalz“ hieß die Oberpfalz bis in die jüngste Zeit, seit sie mitten im Dreißigjährigen Krieg, 1628, zu Bayern kam. Den Tatsachen entsprach dieses abfällige Urteil des katholischen Süden über den protestantischen Norden nicht. Aber es zeugt von der Feindseligkeit, mit der sich die Konfessionen jahrhundertelang begegneten. Auf unserem Bild sehen Sie die liebliche, fruchtbare Landschaft bei Kirchendemenreuth zwischen Amberg und Bayreuth.

wanderten ab und nahmen ihr Geld natürlich mit.
So blieb die Oberpfalz bis in die jüngste Zeit ein bisserl „ab vom Schuß“. Was sich natürlich auch an der Küche zeigt, die über Jahrhunderte kärglich blieb – mit Mehlmus und Wassersuppe. Nur in den besseren Häusern und bei den wenigen wohlhabenden Bauern gab's auch Feines: Oberpfälzer Nudeln zum Beispiel mit dem für die Gegend typischen Roggenmehl, mit Milch und Eiern. Später kamen auch die Kartoffeln dazu, waren die Oberpfälzer doch die ersten Bayern, die sich für die nahrhaften Knollen aus der Neuen Welt begeistern konnten. Dabei entstanden dann so köstliche Sachen wie Kartoffelsalat mit Speck und Endivie. Beides, die Nudeln und den Salat, finden Sie im Rezeptteil. Damit Sie selbst ausprobieren können, was die Bayern damals mochten. Und heute wieder entdecken!

Brotzeit und grosse Kunst

Nur von der Größe der Objekte her „kleine" Kunst: gläserne Schnupftabakflaschen im Museum Zwiesel im Bayerischen Wald.

Zigmal schon bin ich die Straße gefahren: runter von der Autobahn, an der Donau entlang und an der großen Schanzlbrücke vorbei Richtung Bayerischer Wald. Und jedesmal kann ich kaum den Kopf geradeaus halten und auf den Verkehr achten. Denn eigentlich will ich ja schauen: auf die großartige Silhouette der Stadt, die so heiter italienisch anmutet, daß man sich tausend Kilometer weiter südlich wähnt. Passau, das Alexander von Humboldt zu den „sieben schönsten Städten der Welt" zählte, inspirierte sogar den berühmten Berliner Theaterkritiker Alfred Kerr zu wahrhaft poetischen Ergüssen: „O lebendige, trotzdem feierliche Dom-, Gewölbe- und Wirtshausstadt", schrieb er.

Von den zweitausend Jahren Stadtgeschichte hat der Dom dreiviertel mitbekommen. Schon 450 ist das Gotteshaus in der spätantiken Römerstadt *Batavis* als Episkopalkirche bezeugt – also von Rom weitgehend unabhängig und der Herrschaft des Bischofs unterstellt. Die Bischofskirche besteht weiter unter den Agilolfingern, erhält im Laufe der Jahrhunderte romanische und gotische Gestalt und – wird beim Stadtbrand 1662 so zerstört, daß von allen früheren Baustilen fast nichts mehr übrig bleibt. Beim Wiederaufbau entsteht der „größte hochbarocke Kirchenraum Süddeutschlands" mit der „größten Kirchenorgel der Welt" – Superlative, die man als Tourist zuerst hört und die den Blick verstellen können auf die besondere Atmosphäre der Drei-Flüsse-Stadt:

Die natürliche Begrenzung der Altstadt durch Donau und Ilz im Norden, Inn im Süden und die „vereinigten Flüsse" im Osten hat Passau das Verwinkelte erhalten und die Zersiedelung erspart. Die Fürstbischöfe haben ihr das residenzstädtische Flair samt barokker Pracht verschafft. Die verkehrsgünstige Lage zog Menschen aus aller Herren Ländern an und setzte Weltläufigkeit als wirksamstes Mittel gegen dumpfe Kleinstädterei. Italienische, französische, englische Dichter, Denker und Staatsmänner haben Passau besucht und dort gearbeitet. Und natürlich auch Künstler aus deutschen Landen: Das Nibelungenlied ist vermutlich in Passau aufgeschrieben worden. Stolz ist man auf den Österreicher, der, als er noch „'s Wolferl" war, vor den Passauer geistlichen Herren musizieren durfte. Später, zwei Jahre vor dem Tod des genialen Mozart,

hat man in Passau den „Don Giovanni“ aufgeführt – als vierte Stadt der Welt, wie der offizielle Führer eigens vermerkt. Geschäftstüchtige Bürger entwikkelten aus wirtschaftlicher Macht das Selbstbewußtsein, das ihnen gegen (klerikale) Landesherrlichkeit half. Der „Goldene Steig“, die alte Straße, die das salzreiche Bayern mit dem salzlosen Böhmen verband, führte von Passau nach Prachatitz. Salz, jahrhundertelang heiß begehrt als wichtiges Konservierungsmittel und Gewürz, hat nicht nur die Passauer reich gemacht; auch im Berchtesgadener Land und im Salzkammergut, wo es abgebaut wurde, und entlang den alten Salzstraßen blühten Handel und Gewerbe. Das gilt auch für eine kleine Siedlung, die an der Salzstraße nach dem altehrwürdigen Augsburg lag und im Jahre 1158 endlich in die Geschichte eintreten durfte: Bayern-Herzog Heinrich der Löwe zerstörte die Isarbrücke des Freisinger Bischofs, ließ seine eigene etwas weiter flußaufwärts bauen und nahm nun den Zoll ein, den die Kaufleute zu entrichten hatten. Der Salzhandel spielte bei dieser „Gründung“ Münchens sicher keine geringe Rolle.
Als Heinrich aber 1180 vom Kaiser Friedrich Barbarossa entmachtet und ins Kloster geschickt wurde, gewann das heutige Niederbayern erst mal an Bedeutung. Die neuen Bayern-Herzöge, die

Phantastisches Licht über der Altstadt von Passau, der „kleinen Schwester“ norditalienischer Städte, an Donau, Inn und Ilz malerisch gelegen, doch häufig von Hochwasser geplagt.

Wittelsbacher, ließen sich weiter nördlich von München nieder. Ludwig der Kelheimer baute 1204 Stadt und Burg Landshut. Der Name sagt es schon: Die „Landeshut“ sollte Hut und Schützerin des Landes sein, modern gesprochen – Regierungssitz und Residenzstadt.
Knapp fünfzig Jahre später brachte die Herzogstochter Elisabeth in der Nähe von Landshut auf Burg Wolfstein einen Jungen zur Welt. Der, zeit seines kurzen Lebens der „kleine Konrad“ – Konradin – genannt, scheiterte an seinem großen Ziel: der Staufer-Dynastie die Königs- und Kaiserwürde zu erhalten. Konradin, der letzte Staufersproß und Enkel Kaiser Friedrichs II., wurde 1268 auf dem Marktplatz von Neapel enthauptet – auf Befehl seines Rivalen um die Krone, Karls von Anjou …
Der Gang durch die Geschichte hat mich hungrig gemacht, und ich bestelle mir in einer urigen Passauer Wirtschaft die Brotzeit: Knöcherlsülz, ein typisches Schmankerl, wenngleich nicht ausschließlich bayerisch. Denn das „Sülzen“ war überall bekannt und geschah ursprünglich der besseren Haltbarkeit wegen: Überzogen mit gesäuerter Brühe und so gewissermaßen versiegelt, hielten Fleisch und Fisch auch ohne Kühlschrank ein paar Tage länger frisch.
Auch die Brotzeit ist noch gar nicht so lange etwas typisch Bayerisches. Brot gab es nämlich hauptsächlich auf den Tischen der besseren Stände. Dienstboten, Bauern und kleine Leute aßen Suppe und Brei – auch zum Frühstück und zu den Nebenmahlzeiten vormittags und am Nachmittag, der Vesper, aus der später die „Brotzeit“ entstanden ist.
Ein Speiseplan des herzoglichen Gutes Schleißheim aus dem Jahre 1618 zeigt deutlich, was sich über Jahrhunderte nicht geändert hat: „Waizenmues“, „Hirschprein“ (Hirsebrei) und „Wasser Suppen“ bekamen die Angestellten des Gutes jeden Tag. Brot dagegen fehlte. In manchen ländlichen Gebieten Bayerns ist das bis zum Zweiten Weltkrieg so geblieben. Ob diese brotlose Zeit in Bayern wohl noch so nachwirkt, daß man den „Obazdn“ und das Tatar nie *auf* dem Brot bekommt? Und man den Fremden im Wirtshaus daran erkennt, daß er die Kellnerin um zusätzliches Brot bittet?

Die Burg, die hoch über der Stadt Landshut thront, ist noch heute sichtbares Zeichen landesherrlichen Schutzes. Auch ihr Name zeugt davon: „Trausnitz kommt von trau sie nit“ und bedeutet soviel wie „wag es nicht, sie anzugreifen“ – eine Drohung, die sich gegen Fremde und gegen aufmüpfige Untertanen richtete.

Im weissblauen Schlaraffenland

München ist noch immer so „wunderlich", wie schon Friedrich Hebbel fand: moderne Großstadt mit dem verstaubten Charme der Bourgeoisie; alte Residenzstadt, touristisch aufbereitet; luxuriöser Tummelplatz der Schickeria, gemixt mit der sprichwörtlichen Gemütlichkeit – und all das versehen mit einem Quentchen Provinzialität.

Einkaufen in München macht Spaß. Es gibt nämlich alles. Egal, ob Sie italienisch, spanisch, asiatisch, bayerisch oder sonstwie kochen wollen. O ja, Sie haben richtig gelesen: bayerisch kochen. Das versteht sich nicht unbedingt von selbst, denn die bayerische Küche ist einfach. Trotz der Einflüsse von außen ist sie ohne Chic geblieben, ohne exotische Einsprengsel, die Schein vortäuschen können, wo keine Sache ist. Und einfach kochen im besten Sinn heißt, mit wenigen, aber qualitativ hochwertigen Zutaten auszukommen. Für einen Schweinsbraten, der nur mit ein bißchen Gemüse und ein paar ganz gewöhnlichen Gewürzen zubereitet wird, brauchen Sie eben hervorragendes Fleisch. Bei einer Renke, die ganz ohne Schnickschnack in der Pfanne brät, ist nur bester Fisch gut genug. Wollwürste von einem Metzger, der sein Handwerk nicht versteht, schmecken – nach gar nichts! Ganz zu schweigen von faden Weißwürsten! Und Kartoffelschneckerl können eine ganz wässerige Sache sein, wenn die Qualität der Erdäpfel nicht stimmt. Beste Zutaten verwenden ist das eine, Phantasie walten lassen das andere. Sonst wär's nicht mehr einfach, bodenständig und höchst delikat, sondern nur simpel.

Geradezu idealer Anstoß für die Kochphantasie ist ein Bummel über den Münchner Viktualienmarkt: Hier finden Sie alles – Federvieh und Wild, Fisch und Meeresfrüchte, Met und Honig, ausgefallene Würste oder Schinkensorten, die nur dem Kenner vertraut sind, Gemüse und Obst, Wiesenblumen und Kräuter, Preiselbeeren und Pilze, die erlesensten Delikatessen ebenso wie Fleisch aus der Freibank.

Angefangen hat es im Jahre 1807. Damals befand Max I., Bayerns erster König, daß der Schrannenplatz – der heutige Marienplatz – einfach zu eng sei für den „Kräutlmarkt", auf dem die Bauern seit Menschengedenken eben frische Kräutlein, Gemüse und Eier feilboten. So verlegte man ihn südlich vom Alten Peter, der ältesten Kirche Münchens. Dort hatten sich ja schon Ende des 14. Jahrhunderts zuvor die Metzger niedergelassen. Die ehemals hölzernen Hütten an der „Unteren Metzg" – eine Gasse damals noch vor der Stadt und klar kenntlich am Fuße des Petersbergls – wurden 1881 von Zenetti zur „Metzgerzeile" mit eingeschossigen Läden ausgebaut und zwischen

1979 und 1981 teilweise erneuert.
Den Kräutlmarkt haben Angebot der Händler und Nachfrage der Käufer ständig erweitert: 1885 wurde das Heilig-Geist-Spital abgebrochen, ein Heim für die Armen und Kranken, das Ludwig der Kelheimer im Jahre 1208 vermutlich mit Pilgerhaus gegründet hatte. Der Markt wuchs durch diesen Platzgewinn auf etwa 20 000 Quadratmeter und erreichte damit ungefähr die heutige Ausdehnung.
Wenn Sie am Maibaum und den Gedenkbrunnen für Liesl Karlstadt, Weiß Ferdl, Roider Jackl und die anderen beliebten Münchner Volkssänger und -schauspieler vorbei in Richtung Westenriederstraße die hinteren Standl besuchen, können Sie den Bauernmarkt von einst erspüren. Hier geht es nämlich weit unspektakulärer zu als „vorne“. Während meiner Zeit als Studentin habe ich hier sommers immer die besten und billigsten Erdbeeren ergattert. Hier kommt das Gemüse oft aus eigenem Anbau. Stammkunden kriegen auch mal den Salatkopf, ein paar Kartoffeln oder die einzige Zwiebel, die fürs Gelingen des Mahls unverzichtbar ist, als Zugabe gratis. Genau: Sie brauchen – und das ist das herrlich Verbraucher-Freundliche an den Standlfrauen und -männern – nicht kiloweise zu kaufen wie im Supermarkt. Singles und Leute, die „nur“ für zwei kochen, sind

Diesen Blick lieben Münchner wie „Zuag'roaste“ gleichermaßen: vom Alten Peter über Rathaus und Frauenkirche bis zum Olympiaturm.

Nächste Doppelseite: Am Fuße des Alten Peters, dessen eindrucksvoller Turm die Bildmitte beherrscht, finden Sie die kulinarische Seele des „Millionendorfes“: den Münchner Viktualienmarkt, der sich noch ein wenig von der Atmosphäre des einstigen Bauernmarktes erhalten hat.

Egal, was Sie kochen und essen wollen – auf dem Viktualienmarkt gibt's die Zutaten. Tags zuvor gesammelte Schwammerl – Pilze aus dem Wald – sind nur eine der Attraktionen, die er bietet.

vertraut. Und werden, wenn sie zwei Äpferl, eine Handvoll „Nisslsalat“ (Feldsalat) oder ein wirklich winziges Stückchen Käse erstehen, gar nicht schief angeschaut. Weiter vorne bei der Sparkassenstraße begegnet man dann häufiger den lodengewandeten Zeitgenossen, denen man früher nur beim ebenso schicken Feinkostgeschäft in der Prinzregentenstraße über den Weg durch die drangvoll engen Verkaufsgäßchen gelaufen ist. Und dem Fremden fällt's natürlich auch nicht auf, daß der Viktualienmarkt als Touristenattraktion ein wenig von dem Flair eingebüßt hat, den er früher als uriger Bauernmarkt inmitten einer Großstadt hatte ...

Aber das muß wohl so sein bei einem Markt, der so viel bietet, daß man ständig kaufen möchte: Obst und Gemüse aus aller Herren Ländern, Gewürze, nach deren Verwendung Sie vielleicht am Stand fragen. Die Antwort ist immer freundlich, doch manchmal hilft sie nicht weiter. Aber muß die Standlfrau denn auch wissen, wozu der Mensch Bockshornkleesamen braucht? (Ein Tip am Rande: nicht fürs bayerische Bifflamott kaufen, sondern fürs indische Curry. Doch das gehört nicht hierher!) Natürlich kann Ihnen die Standlfrau ganz genau sagen, daß Sie das große Bund mit Dill, Borretsch, Kerbel, Estragon, Petersilie, Pimpinelle und Zitronenmelisse fürs „Kräutlsupperl“ brauchen. Sie selbst wissen nach zweimal Einkaufen genau, daß die frischen Lorbeerblätter viel besser schmecken als die getrockneten, die man im Supermarkt bekommt. Daß nichts über eine Lammkeule mit Rosmarin, Salbei und Thymian geht, die Sie samt dem ersten rosa Knoblauch frisch am Standl holen.

In den ersten Frühlingstagen, wenn die Luft so wunderbar klar, aber noch so kalt ist, daß die Sonnenstrahlen nicht viel ausrichten können, gehe ich am liebsten zu den von Kräutern, Gemüse und Salaten überquellenden Ständen. Und dann weiß ich genau, wie man der Frühjahrsmüdigkeit auf höchst angenehme Weise ein Schnippchen schlägt. Meine Freunde, die abends zu einer riesigen Schüssel Salat, mariniertem Gemüse, Käse, röschem Bauernbrot und Wein kommen, erleben den Kampf gegen Wintermuff dann genauso lustvoll wie ich. Gewiß, der hier beschriebene Speisezettel ist nicht urbayerisch. Aber es stammt alles vom urbayerischen Münchner Markt!

Außer kaufen können Sie noch mehr tun auf dem Viktualienmarkt: Brotzeit machen, Suppe essen, Kaffee trinken und Leute angucken. Gerührt sein, daß der Karl Valentin an seinem Ehrenbrunnen wieder mal einen Blumenstrauß im Arm trägt. Sie können sich wundern, daß die Dame im Pelz sich sogar hier die Einkaufstüten hinterher tragen läßt. Am Faschingsdienstag können Sie dem traditionellen Tanz der Marktfrauen zuschauen, am ersten Mai der Aufstellung des Maibaumes, den sich das „Millionendorf" München genau wie jedes andere Dorf in Bayern leistet. Zur Stärkung können Sie sich einen köstlichen Vitaminstoß genehmigen: In einem kleinen, dunklen Gasserl nahe der Sparkassenstraße gibt's stets frisch gepreßte Obst- und Gemüsesäfte. In Kombinationen, an die Sie vielleicht bisher noch nicht gedacht hatten, die Sie aber unbedingt probieren sollten. Und wenn Sie das ganze Treiben überblicken wollen, wandern Sie zur etwas

Gemüse in Hülle und Fülle lacht Sie überall an, täglich frisch und aus aller Herren Länder.

Traditioneller Tanz der Marktfrauen am Faschingsdienstag.

höher gelegenen Südseite bei der Frauenstraße. Oder Sie steigen auf den Turm des Alten Peter.
Ein paar Straßen weiter in Richtung Nationaltheater geht es dann viel edler zu. Hinter der eindrucksvollen Barockfassade finden Sie die weitläufigen Gewölbe des traditionsreichsten Münchner Feinkostgeschäftes. Hier wartet man mit allem auf, was der kulinarisch denkende Mensch zum Existieren braucht: Die Salate sind so vielfältig, die Delikatessen so herrlich präsentiert, der Kaffee so röstfrisch duftend und so dekorativ in alten Behältern aus Nymphenburger Porzellan versteckt, daß man das Frühstück am nächsten Morgen ganz anders angehen möchte – nicht mit Brötchen und Marmelade, sondern mit all den Köstlichkeiten, die adrette junge Leute und „g'standne" Verkäuferinnen an den Mann oder die Frau bringen. Hier weiß man alles: welcher Champagner am besten zum Frühstückskaviar paßt. Ob Sie zur nachmittäglichen Teestunde lieber First flush oder Autumnal servieren sollten. Und welches Stückerl vom Rind das richtige für ein saftiges Bifflamott ist. Es herrscht vornehme Ruhe und ein Duftgemisch, das man mal gerochen haben muß. Nur manchmal – zum Wochenende und vor den Feiertagen – wird's ein bißchen hektisch. Denn bedient werden Sie immer – ob Sie ein paar Radl von der köstlichen Salami oder die frischen Brezen, die asiatischen

Gewürze oder den feinen Rotweinessig brauchen. Naja, manchmal bilden sich dann eben Schlangen. Und manchmal hören Sie dann auch einen granteln. Denn Bayern granteln nicht nur im Hofbräuhaus oder in der Straßenbahn, sondern immer, wenn's nötig ist. Bei alldem vermittelt die Gourmet-Hochburg gottlob noch immer den leicht verstaubten Charme der ehemaligen Residenzstadt und die Aura großbürgerlicher Wohlhabenheit. Schließen Sie einfach mal die Augen und versetzen sich um ein Jahrhundert zurück. Dann können Sie sich die Kutschen der Hoheiten und der hochmütigen Patrizierinnen vorstellen, die beim „Hoflieferanten" vorfuhren. Dieser Hauch des Vergangenen macht das Haus richtig liebenswert – anders als manchen Freßtempel, der den Überfluß so aufdringlich präsentiert, daß man unwillkürlich zurückschreckt vor all der kulinarischen Pracht unseres reichen Landes.
Und wer die zerbrechliche alte Dame mit dem schwarzen Schleierhütchen hört, die mit der jungen Verkäuferin die Qualität der frisch gebackenen Baumkuchenspitzen erörtert und sich dann doch für „a Stückerl von da Prinzregenten" entscheidet, findet diese „heil'gen Hallen" einfach schön.
Nördlich vom Friedensengel finden Sie dann die zweite der bekanntesten Münchner Schlemmereinkaufsstätten. Und hier ist alles eine Spur chicer und – pardon: ein bißchen neureicher. Die alte Dame von vorhin begegnet Ihnen hier gewiß nicht, dafür jede Menge weiblicher und männlicher Yuppies, Edel-Bayerinnen im handgefertigten Dirndl und ihre Begleiter, die mit dem Schlüssel vom dicken Schlitten draußen klimpern. Daneben treffen Sie auch Leute, die tatsächlich was vom Kochen und Essen verstehen, die Frische und Qualität suchen und die hier einkaufen, weil man so kulinarisch Hochwertiges bekommt wie beim „Hoflieferanten" hinter der Barockfassade. Aber schneller wieder draußen ist, denn hier in der Prinzregentenstraße sind die meisten Waren nach Art des Supermarktes zum Selbstbedienen angeordnet. Das ist praktisch und zeitsparend. Und macht trotzdem sehr viel Spaß.

Eines der vielen Standbilder in München: König Maximilian II. Joseph, dem Bauherrn der prächtigen Maximilianstraße, ist das Max-Monument am linken Isarufer gewidmet, mitten im Straßenverkehr.

Beim Bio-Bauern

Zutraulich, verschmust und stets auf dem Sprung, falls es etwas zu erkunden gibt: der „Tiger“ von Stillern.

Seltsam: Schon als ich ankomme, spüre ich, daß etwas ganz anders ist auf diesem Hof im bayerischen Voralpenland. Nicht nur, weil mich gleich ein kleines Tigerkätzchen maunzend willkommen heißt, als hätte es auf mich gewartet. Es inspiziert mich kurz, reibt dann nach Katzenart die Flanke an meinen Beinen. Ich gehe in die Hocke, streichle sein sonnenwarmes, weiches Fell. „Ganz schön zutraulich bist du“, sage ich zu ihm, „das kann auch mal schiefgehen, weißt du.“

Die Kleine schnurrt und kneift die Augen voller Behagen zu. Und plötzlich weiß ich, was hier anders ist: Mensch und Tier leben in Gemeinschaft. Ruhe herrscht hier. Deshalb fürchtet sich die kleine Katze nicht, auch nicht vor Fremden. Und sie scheint, als sie mich nun hinüber zum Haus begleitet, den klaren, sonnigen Herbsttag genauso zu genießen wie ich. Hektik, die man bei einem Bauernhof mit immerhin 75 Hektar Land und 50 Milchkühen erwarten sollte, gibt es hier, bei den Grenzebachs in Stillern nahe Raisting, nicht. Schon vom ersten Augenblick an fühlt man sich wohl.

Ich erinnere mich an meine Kindheit. Damals durfte ich mit meinen Eltern fast jedes Jahr zwei oder drei Ferienwochen auf einem Bauernhof verbringen. Mein Vater lenkte das Auto immer vorsichtig durch ein paar Hennen, die ausgebüchst waren aus dem großen Hühnerhof und zufrieden gackernd nach allerlei Getier fahndeten. Der Hahn plusterte sich auf, wenn ich zu nahe kam. Heute, da die meisten Hühner in ihrem kurzen Leben das Sonnenlicht nicht mehr sehen dürfen, hat solch ein Anblick ja Seltenheitswert. Doch damals sahen mir auch die Kühe entgegen, wenn ich den warmen Stall betrat. Manche erwischten mich mit der klebrigen Zunge, wenn ich ihnen über die Schnauze streichelte. Andere hielten einfach still. Das Wort „Massentierhaltung“ war – vor über dreißig Jahren – noch nicht erfunden.

Ich tauche aus der Vergangenheit wieder in die Gegenwart: Hubert Grenzebach, Landwirt und verantwortlich für den ganzen Betrieb, begrüßt mich. Zuerst zeigt er mir die Weidefläche – 13 Hektar sind es insgesamt, teilweise an den Wald angrenzend, teilweise beschattet von mächtigen Bäumen. Hier können sich die Kühe den ganzen Sommer über frei bewegen. „Das Rind ist

ein Lauftier“, erklärt mir der junge Landwirt. „Deshalb muß man ihm auch genügend Auslauf geben.“
Ich denke an die vielen Rinder, die ihr ganzes Leben lang angekettet sind und nur für den Transport zum Schlachthof aus dem Stall kommen. Ich überlege auch, daß man die Käfighaltung von Hühnern, die Kälbermast und die Schweinezucht scharf kritisiert – zu Recht. Daß aber nicht so viele Menschen wissen, wie der größte Teil von Milch und Butter, Quark und Käse, Joghurt und Sahne erzeugt wird – unter Bedingungen nämlich, die um keinen Deut besser sind. Vielleicht könnte das auch für Sie ein Grund sein, immer wieder Lebensmittel aus alternativem Landbau zu kaufen. In Bayern ist das übrigens ziemlich einfach. Hier gibt es eine ganze Menge solcher Betriebe wie den der Grenzebachs, mehr als in allen anderen Bundesländern. Außerdem natürlich Bio-Metzger und Naturkostläden, die nur Milchprodukte von artgerecht gehaltenen Tieren verkaufen.
Beim Gang von der Weide zum Stall erfahre ich, daß das vielgebrauchte Wort „saftige Wiesen“ keine Erfindung von Poeten und Reiseprospekt-Textern ist, sondern in der Landwirtschaft eine Wiese bezeichnet, auf der außer Gras und Klee auch noch ungefähr zehn Prozent Wildkräuter wachsen – je vielfältiger, desto saftiger.

Milchkühe im Allgäu: Auf den ersten Blick sehen Sie nicht, ob es sich um einen konventionell oder alternativ wirtschaftenden Hof handelt. Vielleicht stellt der Bauer auch gerade um. Fragen Sie ruhig – wer nichts zu verbergen hat, freut sich über Interesse an seiner Arbeit.

Einkaufen auf dem Bauernhof ist Anschauungsunterricht in Sachen Natur. Besonders Stadtkinder erfahren den Kontakt mit Tieren als großes Erlebnis.

Vor Ort zeigt mir Hubert Grenzebach den Unterschied zwischen altem und neuem Stall. Der alte ist unterteilt in Liegeboxen mit Spaltenboden. Vor den Boxen sind Betonriegel verlegt. Diese Spaltenböden lassen sich leicht säubern, indem man sie mit Wasser abspritzt. Der Dung fließt durch die Ritzen ab in die Odelgrube. Der Kuh nützt dieser Trend zu mehr Hygiene und weniger Arbeit nichts – im Gegenteil: Ihre Klauen werden an bestimmten Stellen extrem belastet, das Tier kann sich „wundgehen". In der konventionellen Landwirtschaft nimmt man das einfach in Kauf. Denn dort ist ein Tier eben „Material", will sagen: Fleisch- und Milchlieferant.

Grenzebachs denken da anders und bieten den Tieren eine Alternative: den „neuen" Stall ohne Boxen, aber mit reichlich Liegeflächen, aufgeschüttet mit Stroh. „Auf den Mist kommt immer neues Stroh, damit die Oberfläche trocken ist", erläutert Grenzebach. „Sobald das Stroh etwa einen Meter hoch liegt, wird ausgemistet."

Die Kühe können sich nachts und im Winter – sommers leben sie ja auf der Weide – aufhalten, wo sie wollen. Keines der Tiere ist angekettet, sondern erreicht durch einen Laufgang den neuen Stall, um sich's auf dem Stroh bequem zu machen. So wie die Kuh, die gemächlich wiederkäuend dort liegt, den Kopf den letzten Son-

nenstrahlen zugewandt. Übrigens sind auch andere sehr angetan vom „Tiefstreu“: Ein Schwarm Vögel tut sich gütlich an den Insekten, die im Stroh leben.
„In diesem Stall kalben die Kühe auch“, fährt Grenzebach fort. „Das Muttertier bleibt drei bis vier Tage beim Jungen und versorgt es. Kälberverluste gibt es bei uns kaum.“ Kein Wunder, denke ich, schließlich weiß die Kuh am besten, was ihrem Kalb gut tut.
„Geben Sie den Tieren Medikamente?“ frage ich und wende mich dem Jüngsten im Stall zu, einem Kälbchen mit glänzend schwarzer Schnauze und einem Fell, das so kuschelig wie Plüsch wirkt. Der Bio-Bauer lächelt. Er hat die Frage natürlich erwartet. Denn er weiß sehr wohl, daß der „Alternative“ dran gemessen wird, wie er's mit der „Chemie“ hält.
„Nur in Notfällen“, erwidert er. „Prophylaktisch geben wir keinerlei Antibiotika. Das ist auch gar nicht nötig. Denn wir vermeiden Krankheiten bei den Tieren durch artgerechte Haltung und richtige Ernährung. Doch wenn bei einer Kuh – etwa durch Entzündung an der Gebärmutter – Unfruchtbarkeit droht und die homöopathischen Mittel nicht weiterhelfen, ist ein Antibiotikum einfach notwendig. Natürlich auch, um das Leben eines Tieres zu retten.“
Ich merke, daß es hier nicht um Viehbestand geht, der zwecks Milchproduktion und Profit unter allen Umständen erhalten werden muß, sondern um kranke Tiere, denen man eben hilft.
„Medikamente werden grundsätzlich nur in Absprache mit dem Erzeugerverband gegeben“, fährt Grenzebach fort, dessen Hof zum „Naturland“-Verband gehört.
„Nach Richtlinien also, die sehr streng sind“, ergänze ich und notiere ein paar Fakten: Masthilfsmittel und Psychopharmaka sind auf Bio-Höfen verboten, ebenso Futter mit einem Zusatz von Antibiotika.
Anders bei der Massentierhaltung: Schweine werden mit Psychopharmaka ruhiggestellt. Denn vor allem den Weg zum Schlachthof fürchtet – der Mäster. Die gestreßten Tiere könnten ja vorzeitig verenden! Masthilfsmittel unterstützen das rasante Wachstum. Der Verbraucher merkt es erst, wenn das Schnitzel in der Pfanne, das Suppenfleisch im Topf auf die Hälfte schrumpft. Antibiotika kommen aus zwei Gründen ins Futter: zur Vorbeugung gegen Krankheiten, die bei der drangvol-

Stolzer Herrscher über seinen Hühnerhof – ein rechter Gockel eben …

Das A und O für guten Käse: naturbelassene Milch von Kühen, die auf saftigen Weiden grasen.

len Enge im Stall rasch auf den gesamten Bestand übergreifen und ihn vernichten könnten. Außerdem fördern Antibiotika das Wachstum, und die Tiere sind schneller schlachtreif.
All das gibt es im alternativen Landbau mit artgerechter Tierhaltung nicht. Massentierhaltung ist gar nicht möglich. Denn der Hof darf nur so viele Tiere halten, wie er auch ernähren kann. Das Futter besteht zu mindestens 85 Prozent aus Gras und Getreide von den eigenen Feldern – Heu im Sommer, Silage im Winter. „Silage", erläutert Hubert Grenzebach, „ist Gras und gehäckseltes Getreide, das unter Einfluß von Milchsäurebakterien haltbar und nährstoffreich ist."
„Genau wie Sauerkraut", werfe ich ein. Er nickt. „Den Rest Futter müssen wir zukaufen, von Höfen, die ebenfalls ökologisch wirtschaften."
Später schaue ich beim Füttern zu: Ein mächtiger Haufen Gras wird vom Hänger geladen und mit Gabeln in den Schütten der Kühe verteilt. Das Geräusch mahlender Kiefer, das Duftgemisch von Dung und frischem Gras lullen mich irgendwie ein. Fast glaube ich dran, daß die Welt doch noch in Ordnung ist ...

Käse von glücklichen Kühen
Dem Grenzebach-Hof angeschlossen ist die Käserei – deswegen auch „Hofkäserei Grenzebach". Die Käsereimeisterin Gabriele Zeller führt mich in einen blitzsauberen Raum: Fußboden gefließt, Wände bis oben gekachelt. Denn Reinlichkeit ist das A und O beim Käsen. Und natürlich die Qualität der Milch. Hier herrscht der Idealfall, denn was man zum Verkäsen braucht, stammt größtenteils vom eigenen Hof: pro Tag zwischen 700 und 800 Liter.
„Guten Käse kriegen Sie nur mit guter Milch", erklärt die Käserin. „Wichtig ist das Futter: je vielseitiger, desto besser die Milch." – Meine Gedanken schweifen zur saftigen Weide mit den Kräutlein, die ich vorhin gesehen habe.
Die Milch wird naturbelassen verarbeitet: Der Fettgehalt bleibt, wie er ist, Farbstoffe, Nitrat oder Pilzhemmer kommen nicht in den Käse. Nach der Beschaffenheit der Milch richtet sich auch die Käsesorte. Etwa, ob man Schnittkäse bereitet, der zwischen zwei und acht Monaten reifen muß, oder ob man Frisch- oder Weichkäse mit kurzer Reifezeit wählt.
Ich bekomme die Grundkenntnisse der Käseherstellung vermittelt:

Tägliche Pflicht im kühlen Käsekeller: das „Schmieren" der Käselaibe – hier halbfeste Stillertaler. Deren rötliche Rinde bildet sich von alleine und muß mit einer nassen Bürste behandelt werden, damit der Käse genügend Luft zum Atmen und Reifen bekommt.

Zuerst wird die Milch „dickgelegt", muß also gerinnen. Das besorgen entweder Milchsäurebakterien, die seit Jahrmillionen natürlich in unserer Umwelt leben. Diese Kleinstlebewesen fressen den Zucker in der Milch und produzieren dabei Milchsäure. Dabei „arbeiten" sie zwischen zehn Minuten und einigen Stunden. „Da muß man den richtigen Zeitpunkt erwischen, bis man den optimalen Säuregrad hat", meint Gabriele Zeller.
Das andere Gerinnungsmittel ist Lab – ein Enzym, das im Magen von Säugetieren beim Verdauen von Milch hilft. Vermutlich hat der Mensch die Käserei ganz zufällig entdeckt und im Laufe der Jahrtausende zur Kunst entwickelt. Denn es heißt, daß vorgeschichtliche Jäger im Magen frisch geschlachteter Jungtiere geronnene Milch vorfanden, die süß schmeckte. Noch heute gewinnt man Lab vorwiegend aus dem Kälbermagen. Es gibt auch Pflanzen, die Lab produzieren. Zum Beispiel das Labkraut, das zur selben Pflanzenfamilie wie Kaffee oder Waldmeister gehört.
Das Gerinnungsmittel macht den Käse: Durch reine Milchsäuregerinnung entstehen manche Sauermilchkäse (Handkäse, Olmützer Quargel). Ebenso Quark und Frischkäse, die man sofort essen kann. Für Weichkäse wie zum Beispiel Camembert und Brie oder Schnittkäse wie Tilsiter und Bergkäse braucht man Milch-

säurebakterien und Lab. Und diese Labkäse müssen reifen, damit aus dem Rohkäse die jeweils unverwechselbare Sorte entsteht. Doch bis dahin braucht's noch ein paar Arbeitsschritte: Die geronnene, gallertartige Milch, die „Dikkete“, wird in Stücke zerschnitten, damit sich schon ein Teil der flüssigen Molke von der festen Käsemasse absondert. Die Größe dieses „Bruchs“ bestimmt den Käse: Bei Weichkäse sind die Stücke etwa walnußgroß, bei Schnittkäse etwa haselnußgroß. Hartkäse hat den kleinsten Bruch, denn je kleiner die Stücke, desto weniger Wasser enthalten sie auch.

Der Bruch wird – je nach Käsesorte – in Tücher oder Formen geschöpft. Beim Stehen sackt die Käsemasse dann weiter zusammen, so daß die Molke durch das Tuch oder die Löcher der Form abläuft. Durch zusätzliches Pressen tritt noch mehr Flüssigkeit aus, und die Bildung der Käserinde wird unterstützt.

Im Salzbad bekommt der geformte Käse dann Würze. Doch Salz konserviert auch, indem es dem Käse noch mehr Flüssigkeit entzieht. Danach geht es in den Reifekeller, wo Rohmilch-Camembert nach vier bis fünf Wochen, Bergkäse erst nach acht bis neun Monaten den optimalen Geschmack entwickelt hat. Im luftigen Reifekeller entsteht auch der feine Flaum des Edelschimmels – Charakteristikum für Camembert und Brie. Aussehen, Aroma, Geruch und Konsistenz sagen der Käsemeisterin, wann es soweit ist. Doch außer Erfahrung und einer feinen Nase braucht sie noch eine ganze Menge Fingerspitzengefühl.

Etwa zehn Käsesorten gibt es in der Hofkäserei – und alle mit unverfälscht aromatischem Geschmack: Der Rohmilch-Tilsiter zum Beispiel wird nach einem alten Rezept des nahen Klosters Wessobrunn hergestellt. Nach dem Bayern-Herzog Tassilo ist ein Weichkäse mit natürlicher Rotschmiere benannt: Die Franzosen haben diesen Käse in Klöstern des elsässischen Münsterlandes entdeckt. Auch Italienisches gibt es in der Hofkäserei: Mozzarella aus Kuhmilch – geknetet von Hand.

Auf einer Alm wird die Käserei in noch kleinerem Rahmen betrieben als im Tal: Handarbeit allerorten, so auch bei der Herstellung von Frischkäse.

Natürlich einkaufen

Nicht nur Eier, auch Milch, Geflügel, Gemüse, Kartoffeln, Obst, Saft und selbstgebrannten Schnaps können Sie ab Hof kaufen – oft sehr preiswert, weil ohne Zwischenhandel.

In Bayern verkaufen etwa sechshundert Betriebe ihre Lebensmittel direkt ab Hof oder Gärtnerei. Außerdem gibt es Bio-Metzgereien, -Fischfarmen und -Käsereien. Ein großer Teil von ihnen gehört den anerkannten Erzeugerorganisationen für kontrolliert ökologische Produkte an, die nicht nur in Bayern, sondern in ganz Deutschland Bio-Lebensmittel aus entsprechendem Anbau garantieren und vertreiben:

- ANOG: Arbeitsgemeinschaft für naturnahen Obst-, Gemüse- und Feldfruchtanbau, Anton-Reuter-Str. 18, 5400 Koblenz 1;
- Biokreis Ostbayern, Rosensteig 18, 8390 Passau;
- Bioland: Fördergemeinschaft organisch-biologischer Land- und Gartenbau e.V., Barbarossastr. 14, 7336 Uhingen;
- Bundesverband Ökologischer Weinbau e.V., Obergasse 9, 6719 Ottersheim;
- Demeter und Biodyn: Forschungsring für Biologisch-Dynamische Wirtschaftsweise, Baumschulenweg 11, 6100 Darmstadt;
- Naturland: Verband für naturgemäßen Landbau e.V., Betreuung der Erzeuger: Kleinhaderner Weg 1, 8032 Gräfelfing.

Außerdem tragen abgepackte, pflanzliche Lebensmittel, die vorwiegend ökologisch erzeugt worden sind, den Aufdruck: „Ökologische Agrarwirtschaft – EWG-Kontrollsystem“.
Alle Adressen – auch von Bio-Metzgern und -Bauern und Naturkostläden – finden Sie in „Das alternative Branchenbuch“, das Sie im Buchhandel und in vielen Naturkostläden bekommen.
In den Randgebieten der großen Städte gibt es eine Reihe von Landwirten, die zwar nicht anerkannt ökologisch wirtschaften, jedoch Eier von freilaufenden Hühnern, artgerecht gehaltenes Geflügel und Milch ab Hof verkaufen – häufig sogar preiswerter als im Supermarkt.
Wenn Sie einen Betrieb noch nicht kennen, sollten Sie erst mal anrufen und die Verkaufszeiten erfragen. Und sind Sie erst einmal dort, auf dem Hof, in der Käserei, dann kommt die Zeit, die man sich sonst vielleicht für einen herkömmlichen Einkauf nicht nimmt, wie von alleine. Gespräche entwickeln sich, über die Lage der Landwirte hier und anderswo, über die EG-Agrarpolitik im allgemeinen. Begegnungen, die zum Nachdenken anregen. Bedenken Sie bitte, daß das Sortiment nach Jahreszeit wechselt und nie so umfassend sein kann

wie im Supermarkt. Beim Bio-Bauern oder -Metzger bekommen Sie vielleicht nicht die Lammkeule, die Sie als Sonntagsbraten vorgesehen haben. Zum Beispiel, wenn die Lämmer noch zu jung zum Schlachten waren. Überlegen Sie sich also eine Alternative. Das macht ja den Reiz aus beim Einkaufen wie früher: Man muß wieder Phantasie entwickeln und kann nicht einfach blind ins Regal greifen. Frische, Qualität, delikaten Geschmack und die Gewißheit, Fleisch von artgerecht gehaltenen Tieren zu haben, bekommt man als Zugabe.
Doch nun ist genug erzählt, berichtet, gezeigt. Deshalb: „Auf geht's und an Guadn!" Sinngemäß heißt dies, daß ich Sie jetzt in die Küche schicke und einlade, eines oder viele der folgenden 65 Rezepte auszuprobieren. Und Ihnen für das Ergebnis guten Appetit wünsche.

Zum Hof und zu der Käserei Grenzebach gehört ein kleiner Laden, mit Käse und Würsten aus eigener Produktion.

Brotzeit und Salate

Bayerische Brotzeit

KARPFENSALAT
Für 2 Personen:
300 g Karpfenfleisch
(Rest von Karpfen blau)
1 rote Zwiebel
5 EL Karpfensud, 3 EL Zitronensaft, abgeriebene Schale von ¼ Zitrone
möglichst 1 EL Zwiebeln und gelbe Rüben (Möhren) aus dem Karpfensud
schwarzer Pfeffer, Salz
½ Bund Petersilie

RETTICHMUS
1 weißer Rettich oder 1–2 schwarze Winterrettiche
200 g gekochte Kartoffeln
1 kleine Zwiebel
1 kleines Bund Petersilie
50 g saure Sahne
Salz, schwarzer Pfeffer

KARPFENSALAT
Fisch von den Gräten lösen und dabei in mundgerechte Stücke teilen. Rote Zwiebel schälen und in dünne Ringe schneiden. Karpfensud mit Zitronensaft, Zitronenschale, Gemüse aus dem Sud und reichlich Pfeffer verrühren, über den Fisch gießen und vorsichtig mischen. Salat zugedeckt im Kühlschrank mindestens 12 Stunden ziehen lassen. Eventuell mit Salz nachwürzen. Petersilie hacken und darüberstreuen.

RETTICHMUS
Rettich(e) und Kartoffeln schälen und ganz fein reiben. Zwiebel und Petersilie fein hacken. Alles mit der Sahne vermischen, mit Salz und einer kräftigen Prise Pfeffer abschmecken. Wie Quark- oder Käsecreme auf Schwarzbrot streichen, eventuell mit Radieschen- oder Tomatenscheiben belegen.

Zweimal Kaltes aus Bayern: feiner Karpfensalat, wie man ihn zur Fastenzeit in Klöstern und wohlhabenden Bürgerhäusern zubereitete. Und daneben eine ganz schlichte, gleichwohl köstliche Mischung aus Rettich und Kartoffeln als Aufstrich für kräftiges Schwarzbrot – Beweis für die Raffinesse der Küche bei einfachen Leuten.
Unser großes Bild rechts zeigt auch den schwarzen Winterrettich – eine wenig bekannte, doch höchst aromatische und gesunde Sorte, die es von Oktober bis Februar zu kaufen gibt.

Italienischer Salat

200 g Salzheringe
250 g rote Bete
250 g säuerliche Äpfel
200 g Lyoner Wurst
200 g Gewürzgurken
200 g Schweinebraten in knapp 1 cm dicken Scheiben
200 g Emmentaler Käse in knapp 1 cm dicken Scheiben
1 Ei
1 EL Zitronensaft
1 TL scharfer Senf
Salz
⅛ Liter Öl

Salzheringe über Nacht in kaltes Wasser legen, um das überschüssige Salz zu entfernen. Rote Bete in wenig Wasser gerade eben weich kochen, abgießen, kalt abschrecken, abtropfen lassen und ebenfalls bis zum nächsten Tag aufheben.
Salzheringe abgießen und trockentupfen. Zuerst in knapp fingerbreite Streifen, dann in kleine Stücke schneiden. Rote Bete schälen, Äpfel vierteln, schälen und vom Kerngehäuse befreien. Lyoner Wurst pellen. Alle diese Zutaten, die Gewürzgurken, den Schweinebraten und den Käse in möglichst gleichmäßige, etwa 1 cm große Würfel schneiden. Alle zerkleinerten Zutaten in einer Schüssel vermischen.
Für die Mayonnaise Ei, Zitronensaft, Senf und Salz verrühren. Zuerst tropfenweise, dann in dünnem Strahl das Öl dazugeben und dabei kräftig rühren. Mayonnaise auf die Salatzutaten geben und alles vorsichtig vermischen, bis der Salat gleichmäßig rot ist. Eventuell mit Salz abschmecken. Bis zum Servieren zugedeckt im Kühlschrank mindestens 6 Stunden ziehen lassen.

Ehrlich gesagt: So ganz sicher weiß ich nicht, ob dieser Salat ein original bayerisches Gericht ist. In unserer Familie allerdings – und wir sind Bayern – wird er seit etwa siebzig Jahren traditionell zwischen Weihnachten und Neujahr gegessen. Einen ähnlichen Salat mit derselben Bezeichnung habe ich übrigens in einem bekannten und ganz vorzüglichen bayerischen Kochbuch gefunden. Und in einem Kochbuch „für die bürgerliche Küche“, erschienen noch vor dem Ersten Weltkrieg, taucht ebenfalls ein ähnliches Rezept als „Härings-Salat“ auf. Doch egal, ob bayerisch oder nicht – der Salat schmeckt ausgezeichnet. Ein wesentlicher Bestandteil sind säuerliche Äpfel mit festem, saftigem Fleisch: Cox Orange, Elstar oder Glockenapfel. Wundern Sie sich bitte nicht, daß ich im Rezept so genau beschreibe, wie die Zutaten geschnitten werden – das ist wichtig für den feinen Geschmack. Die Mengen dagegen sind nur Circa-Angaben – ein paar Gramm mehr oder weniger schaden nicht.

Bayerische Salate

KRAUTSALAT MIT SPECK
1 Kopf Weißkohl
(etwa 750 g)
1 TL Salz
100 g durchwachsener Räucherspeck
1 kleine Zwiebel
1 Knoblauchzehe
⅛ Liter Wasser
1 TL Instant-Fleisch- oder Gemüsebrühe
½ EL Kümmelkörner
1 TL scharfer Senf
3 EL Weißweinessig
4 EL Öl
1 Bund Petersilie
schwarzer Pfeffer aus der Mühle

ROT-RÜBEN-SALAT
750 g rote Rüben
(rote Bete)
4 EL Rotweinessig
1 Prise Zucker
2 TL Kümmel
7 EL Öl
Salz
schwarzer Pfeffer aus der Mühle

Tip:
Rote Rüben für Salat immer nach dem Kochen putzen und schälen. Sonst läuft der größte Teil des roten Saftes ins Kochwasser.

KRAUTSALAT MIT SPECK
Kohlkopf vierteln, putzen, waschen und in feine Streifen hobeln. Mit Salz vermischt zugedeckt ziehen lassen, bis die anderen Zutaten vorbereitet sind. Speck in kleine Würfel schneiden, geschälte Zwiebel und Knoblauchzehe fein hacken. Speck bei schwacher Hitze unter häufigem Wenden braten, bis das Fett austritt; er soll dabei nicht bräunen. Zwiebel und Knoblauch zugeben und unter Rühren glasig braten. Wasser zugießen und aufkochen. Brühe untermischen und rühren, bis sich der Bratensatz gelöst hat. Kümmel, Senf, Essig und Öl mit einem Schneebesen unterrühren. Kraut mit dieser Marinade vermischen und zugedeckt bei Zimmertemperatur 3 Stunden ziehen lassen.
Petersilie hacken und untermischen. Mit reichlich Pfeffer abschmecken.

ROT-RÜBEN-SALAT
Rote Rüben waschen und mit wenig Wasser in etwa 50 Minuten weich kochen. Kalt abschrekken, schälen und in dünne Scheiben schneiden. Essig, Zucker, Kümmel und Öl verrühren und mit den roten Rüben mischen. Mit Salz und Pfeffer kräftig würzen. Etwa 6 Stunden zugedeckt im Kühlschrank ziehen lassen.

G'standenen Bayern sind die Vitamine „wurscht“, denn Rohkost ist für Hasen und andere Vegetarier bestimmt. Deshalb salzen sie das Kraut ein und kochen die Rüben, bevor sie Salat davon bereiten. Und den lassen sie dann noch richtig lang ziehen.

Kartoffelsalat

750 g festkochende Kartoffeln
1 große Zwiebel
¼ Liter Wasser
1 EL Instant-Fleisch- oder Gemüsebrühe
1 EL körniger Senf
3 EL Essig
2½ EL Öl
Salz
weißer Pfeffer aus der Mühle
1 kleines Bund Schnittlauch

Kartoffeln waschen und in wenig Wasser gerade eben weich kochen. Während die Kartoffeln garen, Zwiebel fein hacken. Kartoffeln abgießen, kalt abschrekken, schälen und noch heiß in Scheiben schneiden.
Für die Salatsauce Wasser mit Brühe zum Kochen bringen. Den Topf von der Kochstelle nehmen. Senf, Essig und Öl in die Brühe rühren. Kartoffeln mit Zwiebel und Salatsauce vermischen und mit Salz und Pfeffer kräftig abschmecken. Den Salat zugedeckt bei Zimmertemperatur etwa 1 Stunde ziehen lassen.
Schnittlauch waschen, trockentupfen, in feine Röllchen schneiden und über den Salat streuen.

Die Zuneigung des Bayern zur Kartoffel ist gebrochen: Er mag die Knolle am liebsten, wenn er sie nicht mehr als solche erkennen kann. Also gerieben als Knödel, gestampft als Brei – oder eben geschnitten und vielfältig gemischt im Salat.
Kartoffelsalat bereitet man in Bayern immer mit kräftiger Brühe, reichlich Zwiebeln und Senf zu; alle anderen Versionen – etwa mit Mayonnaise, mit Essiggurken und/oder Äpfeln – sind nicht typisch bayerisch, sondern von anderen Regionen beeinflußt.
Sehr beliebt auch: den Salat mit Feldsalat, hauchfein geschnittenen Endivien oder papierdünnen Scheibchen von Salatgurken mischen. Am besten schmeckt das übrigens, wenn Sie Kartoffelsalat und anderen Salat jeweils getrennt mit Dressing mischen und erst zum Schluß vermengen.

Suppen und Eintöpfe

Bayerische Brennsuppe

1 kleine Zwiebel
60 g Butter
30 g Mehl
1 Liter Fleisch-, Geflügel- oder Gemüsebrühe
Salz
schwarzer Pfeffer aus der Mühle
Cayennepfeffer
50 g Spinat
2 Handvoll Kerbel, Dill und Petersilienblättchen gemischt
1 großes Bund Schnittlauch
200 g süße Sahne (Rahm)

Tip:
Gemüsebrühe gibt es als Paste, Pulver oder Würfel in Reformhäusern und Naturkostläden zu kaufen.

Zwiebel schälen und fein hacken. Butter erhitzen, aber nicht bräunen. Zwiebel darin bei schwacher Hitze unter Rühren glasig braten. Mehl darüberstäuben und bei mittlerer Hitze unter Rühren goldgelb rösten. Brühe langsam zugießen und dabei kräftig weiterrühren, bis die Suppe glatt ist. Mit Salz, Pfeffer und Cayennepfeffer kräftig würzen, unter Rühren aufkochen und zugedeckt bei schwacher Hitze 10 Minuten garen. Spinat und Kräuter waschen, trockentupfen und getrennt fein zerkleinern. Schnittlauch waschen und in feine Röllchen schneiden. Spinat und Sahne in die Suppe rühren und bis knapp unter den Siedepunkt erhitzen, aber nicht mehr aufkochen. Gemischte Kräuter unterrühren, Suppe auf heißen Tellern anrichten und mit dem Schnittlauch bestreut sofort servieren.

Hervorgegangen aus dem Mehlmus der Bauern, mauserte sich diese Suppe mit „gebranntem“, also in Fett geröstetem Mehl zur Gründonnerstagssuppe. Und weil man zwar auf Fleisch, nicht aber auf den Genuß – Fastenzeit hin oder her – verzichten wollte, machten sich Köche und Köchinnen ans Verfeinern des schlichten Süppchens: mit Butter und Sahne, kräftiger Brühe und reichlich aromatischen Frühlingskräutlein.
Ein origineller Imbiß in einem der typischen Marktstandln: die Suppenküche auf dem Münchner Viktualienmarkt.

Brotsuppe mit Schnittlauch

Immer war sie Resteverwertung, die bayerische Brotsuppe, auch „aufg'schmoizte Wassersupp'n" genannt. Der bayerische Name trifft genau ins Schwarze: Denn ursprünglich hat man einfach hartes Brot in Wasser aufgekocht, um es wieder weich und genießbar zu machen. Ein wenig „Schmoiz", also Fett, sorgte für Sättigung und mehr Geschmack. Heute ist die Brotsuppe ziemlich in Vergessenheit geraten – vielleicht, weil sie immer noch als Arme-Leute-Essen gilt.
Lassen Sie sich vom Gegenteil überzeugen: Mit reichlich frischem Grün, gutem Öl, kräftiger Fleisch- oder Gemüsebrühe, dikker Sahne und – nach Wunsch – ein paar Tomatenwürfeln ist das Süppchen ein reiner Genuß.

125 g Roggen- oder Weizenmischbrot
1 große milde Zwiebel
1 Bund Suppengrün
2 EL Öl
1 Liter Wasser
1 EL Instant-Brühe
3 EL süße Sahne (Rahm)
Salz
weißer Pfeffer aus der Mühle
1 großes Bund Schnittlauch

Tip:
Große, um 200 Gramm schwere, hellgelbe oder weiße Gemüsezwiebeln bekommen Sie das ganze Jahr über. Am besten frisch kaufen und rasch verbrauchen, denn zum Aufbewahren eignen sie sich nicht.

Brot in dünne Scheibchen schneiden. Geschälte Zwiebel fein hakken. Suppengrün putzen, waschen und fein zerkleinern.
Öl erhitzen. Zwiebel darin bei schwacher Hitze glasig braten. Brot und Suppengrün zugeben und alles bei starker Hitze unter Rühren einige Sekunden rösten. Wasser und Instant-Brühe zugeben, aufkochen und zugedeckt bei schwacher Hitze etwa 5 Minuten kochen lassen.
Sahne untermischen, Suppe mit Salz und Pfeffer abschmecken. Schnittlauch in feine Röllchen schneiden und über die Suppe streuen.

DREI SUPPENEINLAGEN

Für jeweils etwa
1 ¼ Liter Brühe

KRÄUTERSCHÖBERL
½ Päckchen gemischte
Tiefkühl-Kräuter
25 g Butter
2 Eier, Salz
50 g Mehl
25 g Speisestärke
1 EL Emmentaler
Fett und Semmelbrösel
für die Form

Tip:
Richtig geschlagener Eischnee bildet biegsame, elastische Spitzen, die leicht kippen. Er verbindet sich gut mit den restlichen Zutaten.

BUTTERNOCKERL
40 g weiche Butter, Salz
schwarzer Pfeffer
Muskatnuß, 2 Eier
60–70 g Mehl
(je nach Größe der Eier)

GRIESSNOCKERL
40 g weiche Butter
75 g Hartweizengrieß
1 Ei, Salz
Muskatnuß
1 EL Petersilie

KRÄUTERSCHÖBERL (oben)
Kräuter antauen lassen, Butter schmelzen, aber nicht bräunen. Eier trennen. Eiweiß mit Salz steif schlagen. Abwechselnd Eigelb, Kräuter und teelöffelweise die flüssige Butter untermischen. Mehl mit Speisestärke und geriebenem Käse mischen, auf den Teig streuen und mit einem Schneebesen unterheben. Den Boden einer ofenfesten Form mit niedrigem Rand fetten und mit Semmelbröseln ausstreuen. Teig darin glattstreichen. Form in den kalten Backofen (mittlere Schiene) stellen. Ofen auf 180 °C (Umluft 160 °C, Gas Stufe 3) schalten. Schöberl etwa 25 Minuten backen, bis er wie ein Kuchenboden oben leicht gebräunt, durchgebacken und locker ist. In der Form lauwarm abkühlen lassen, in Rauten schneiden und in heißer Brühe anrichten.

BUTTERNOCKERL (Mitte)
Butter mit Salz, Pfeffer und Muskat schaumig rühren, bis sie elfenbeinfarben ist. Abwechselnd Eier und so viel Mehl unterrühren, daß ein weicher Teig entsteht, der sich mit einem Löffel gut zu Nokkerl (Klößchen) abstechen läßt, ohne dabei wieder zu verfließen. In kochendes Salzwasser geben und zugedeckt bei schwacher Hitze 5 Minuten kochen, danach auf der abgeschalteten Kochstelle 10 Minuten ziehen lassen.

GRIESSNOCKERL (unten)
Butter schaumig rühren, 1 Eßlöffel Grieß untermischen. Ei, restlichen Grieß, Salz, Muskat und Petersilie unterrühren. Teig zugedeckt bei Zimmertemperatur 20 Minuten stehen lassen, damit der Grieß quellen kann. Der Teig soll so fest sein, daß Sie ihn mit angefeuchteten Händen zu Nokkerln (Klößchen) formen können. Nockerl in die kochende Brühe geben und zugedeckt bei schwächster Hitze etwa 20 Minuten ziehen lassen.

Frisch gekochte Brühe aus Rindfleisch, Knochen und Wurzelgemüse ist sicher das Feinste für die edlen Einlagen. Doch eilige Köche können getrost auch Instant-Brühe nehmen.

Rumfordsuppe

150 g geschälte grüne Trockenerbsen
1 ¼ Liter Wasser
1 EL Instant-Gemüsebrühe
1 kleine grüne Pfefferschote
40 g Graupen
1 kleine festkochende Kartoffel
50 g gekochter Schinken in dünnen Scheiben
1 große Zwiebel
1 Knoblauchzehe
1 Bund Suppengrün
1 EL Öl, Salz
1 kleines Bund Petersilie

Tip:
Graupen, polierte Gerstenkörner, vor dem Garen kalt abspülen, um die anhaftende Stärke zu entfernen. Sonst wird die Suppe zu dick.

Erbsen mit Wasser und Brühe aufkochen und zugedeckt bei schwacher Hitze 30 Minuten garen.
Pfefferschote längs halbieren, Stielansatz und Kerne entfernen. Die Schotenhälften kalt abspülen, in Streifen schneiden und mit den Graupen zu den Erbsen geben. Erneut aufkochen und zugedeckt weitere 10 Minuten garen.
Geschälte, gewürfelte Kartoffel zugeben und noch einmal 15 Minuten garen.
Schinken in Streifen schneiden. Zwiebel und Knoblauch hacken. Suppengrün putzen, waschen und fein zerkleinern. Öl erhitzen. Alle zerkleinerten Zutaten darin bei mittlerer bis schwacher Hitze unter häufigem Umrühren etwa 5 Minuten braten.
In die Suppe rühren, mit Salz abschmecken. Suppe auf heißen Tellern verteilen und mit der gehackten Petersilie bestreuen.

Benjamin Thompson kam 1784 nach München. Der amerikanische Physiker und Chemiker machte rasch Karriere: Er wurde schon acht Jahre später ob seiner Verdienste als Graf Rumford in den Adelsstand erhoben. Denn Thompson gewann Kurfürst Karl Theodor für die Anlage eines riesigen Gartens, der 1792 eröffnet wurde – nicht für den Adel, sondern für das Volk. Als Gegenleistung mochten die Landeskinder den leicht griesgrämigen und schwer autoritären Wittelsbacher aus der Pfälzer Linie nun ein bißchen lieber. Heute profitieren von diesem Englischen Garten – und der „Wirtschaft“ am Chinesischen Turm auf unserem kleinen Bild links – Münchner und Touristen. Der amerikanische Graf machte sich auch um die Ernährung verdient: Er führte die Kartoffel als Volksnahrungsmittel ein. Und er kreierte die nahrhafte Rumfordsuppe, die er kostenlos an die Armen verteilen ließ.

Dotschen mit Schweinefleisch und Kartoffeln

500 g Schweineschulter (ohne Knochen)
200 g Zwiebeln
¾ Liter Fleisch- oder Gemüsebrühe (Instant)
1 kg Dotschen (Kohlrüben)
1 Bund Majoran
750 g festkochende Kartoffeln
1 Stange Lauch (Porree)
100 g Crème fraîche
Salz
schwarzer Pfeffer aus der Mühle
1 Bund Petersilie

Tip:
Majoran wirkt magenstärkend und ist deshalb vor allem Würzkraut für Deftiges. Er verträgt Mitkochen und Trocknen, ohne viel Aroma zu verlieren.

Schwarte und Fettschicht des Fleisches abschneiden und klein würfeln. In einem Schmortopf bei schwacher Hitze ausbraten. Fleisch in gulaschgroße Würfel schneiden. Portionsweise bei starker bis mittlerer Hitze im ausgebratenen Fett rundherum kräftig anbraten. Zwiebeln hacken und zum Schluß mitbraten. 3 Eßlöffel Brühe zugießen. Fleisch zugedeckt bei schwacher Hitze 10 Minuten schmoren.
Dotschen schälen, waschen und in etwa 1 cm große Würfel schneiden. Majoran fein hacken. Mit den Rübenwürfeln zum Fleisch geben, restliche Brühe bis auf 3 Eßlöffel zugießen. Aufkochen und zugedeckt bei schwacher Hitze 30 Minuten garen.
Kartoffeln schälen, waschen und würfeln. Lauch vom Wurzelansatz und den welken Blättern befreien, waschen und in etwa fingerdicke Stücke schneiden. Beide Zutaten mit der übrigbehaltenen Brühe in einem Topf aufkochen und zugedeckt bei schwacher Hitze etwa 15 Minuten garen, bis die Kartoffeln gerade eben weich sind.
Unter die Dotschen mischen. Crème fraîche unterrühren und erhitzen. Mit Salz und Pfeffer würzen und mit der gehackten Petersilie bestreut servieren.

Dotschen tragen viele Namen: zum Beispiel Kohlrüben, Steckrüben oder Wruken. Wegen des hohen Gehaltes an Traubenzucker waren die großen Rüben mit dem appetitlich goldgelben Fruchtfleisch wichtige Energiespender für die ärmere Bevölkerung. Heute schätzt man sie als kalorienarmes, aber vitamin- und mineralstoffreiches Wintergemüse. Wichtig für den guten Geschmack: immer kräftig würzen und nicht mit Fett sparen.

Pickelsteiner

Zutaten für 6 Personen

250 g Rindfleisch (Dicker Bug oder Hesse)
250 g Schweineschulter (ohne Knochen)
250 g Lammschulter (ohne Knochen)
2 Rindermarkknochen
2 Zwiebeln
750 g festkochende Kartoffeln
400 g Knollensellerie
300 g gelbe Rüben (Möhren)
2 Petersilienwurzeln
1 dicke Stange Lauch (Porree)
1 EL Öl
½ Liter Fleisch- oder Gemüsebrühe
Salz
schwarzer Pfeffer aus der Mühle
1 Bund Petersilie
1 Bund Schnittlauch

Tip:
Nehmen Sie vom Lauch auch alle saftigen grünen Blätter. Grünes Gemüse enthält nämlich besonders viel Magnesium – gut für Muskeln und Nerven. Zum Vorbereiten also nur den Wurzelansatz, ein oder zwei äußere Hüllblätter, welke Blätter und Blattspitzen abschneiden, die Stange längs halbieren und waschen.

Alle Fleischsorten in gulaschgroße Würfel schneiden. Mark aus dem Knochen lösen. Anhaftende Knochensplitter mit einer Messerspitze entfernen. Mark in Scheiben schneiden. Zwiebeln grob hakken. Kartoffeln, Sellerie, gelbe Rüben und Petersilienwurzeln schälen, waschen und in gut ½ cm dicke Scheiben schneiden. Lauch vom Wurzelansatz und allen welken Blättern befreien, längs halbieren und waschen. Hälften in gut fingerdicke Stücke schneiden. Öl in einem großen Bräter erhitzen. Markscheiben darin bei schwacher Hitze ausbraten, wieder herausnehmen und auf einem Teller beiseite stellen. Fleisch bei starker bis mittlerer Hitze portionsweise im heißen Fett rundherum braun anbraten. Ebenfalls wieder herausnehmen. Zwiebeln und Kartoffeln in 2 Portionen anbraten und aus dem Topf nehmen. Zum Schluß Gemüse ebenfalls in 2 Portionen anbraten und herausnehmen.
Bräter schichtweise mit Gemüse, Kartoffeln und Fleisch füllen und jede Schicht mit Salz und Pfeffer würzen. Als Abschluß eine Lage Kartoffeln einfüllen und darauf die Markscheiben legen. Brühe an den Seiten zugießen. Bräter schließen. Pickelsteiner bei starker Hitze aufkochen und zugedeckt bei schwacher Hitze 1½ Stunden garen.
Petersilie und Schnittlauch fein zerkleinern. Pickelsteiner damit bestreuen und sehr heiß auf vorgewärmten Tellern anrichten.

Über den Ursprung dieses typisch bayerischen Eintopfs gehen die Meinungen auseinander: Mal wird das erste Pickelsteiner exakt auf den 17. Juni 1823 datiert – als Hauptgang eines Picknicks auf dem Büchelstein. Daher stamme auch der Name des Gerichts. Ein anderer Autor nennt das Jahr 1830. Und ein bekanntes Lehrbuch für Köche befindet: „Über die Schreibweise und Herkunft des Gerichtes ist keine genaue Angabe möglich."
Das stillt gewiß nicht Ihre Neugier und trifft vielleicht auch nicht den kulinarisch-historischen Kern. Ganz sicher aber entspricht es der bayerischen Skepsis in Sachen Wahrheitsfindung. „Nix g'wies woaß ma net", sagt der Bayer oft, und meist hat er recht.

Mit Fisch, Fleisch und Wurst

Forellen in Rahm

Als die Flüsse noch klar waren in Deutschland, fand man auch Bachforellen drin. Der Wanderfisch – verwandt mit dem Lachs – lebte ursprünglich in kühlen, fließenden Gewässern Europas und Kleinasiens.

2 EL Butter
4 küchenfertige Forellen zu je etwa 300 g
2 EL Zitronensaft
Salz
weißer Pfeffer aus der Mühle
1 kleine Zwiebel
1 großes Bund Petersilie
2 EL Mehl
200 g süße Sahne (Rahm)

Backofen auf 200 °C (Umluft 180 °C, Gas Stufe 4) vorheizen. Butter in einen Bräter geben, der so groß sein soll, daß die Fische nebeneinander darin Platz haben. Bräter in den Ofen (mittlere Schiene) schieben.
Forellen innen und außen kalt abspülen und trockentupfen. Fische innen und außen mit Zitronensaft beträufeln, mit Salz und Pfeffer würzen.
Geschälte Zwiebel und abgeschnittene Petersilienstiele ganz fein hacken und in die Bauchöffnungen der Fische geben. Fische zuerst im Mehl wenden, dann in den Bräter geben und in der nun zerlassenen Butter wenden.
Sahne zugießen. Bräter wieder in den Ofen schieben, Forellen zugedeckt 15 Minuten garen. Dabei mehrmals mit der Butter-Sahne-Mischung begießen.
Die Forellen nun gleich servieren oder die Sahne erst dickflüssig einkochen lassen. Dazu die Fische herausnehmen und auf einer heißen Platte im abgeschalteten Backofen zugedeckt warm halten. Die Backofentür nicht schließen, sonst ist die Hitze zu groß, und die Fische könnten trocken werden. Sahnemischung aus dem Bräter in einen Kochtopf gießen und auf der Kochstelle bei starker Hitze unter Rühren dickflüssig einkochen. Über die Forellen gießen oder gesondert dazu servieren. Dazu passen Salzkartoffeln und grüner Salat.

Ein altes Rezept aus bayerischen Haushalten, in denen man den Pfennig nicht umdrehen mußte. Denn Butter und Rahm – also Sahne – machen den feinen Geschmack aus. Genug davon gab es eben in wohlhabenden Klöstern und Bürgerhäusern.

Karpfen blau mit zwei Saucen

1 küchenfertiger Spiegelkarpfen von etwa 1,5 kg
1 Zwiebel
1 gelbe Rübe (Möhre)
3 Liter Wasser
75 g Salz
4 EL Essig
2 Zitronenscheiben
1 Päckchen Fischgewürz

Für die Saucen:
60 g Butter
40 g Mehl
½ Liter Wasser
¾ Würfel Instant-Fleisch- oder Gemüsebrühe
200 ml Milch
200 g süße Sahne (Rahm)
Salz
weißer Pfeffer aus der Mühle
2 EL körniger Senf
2 Bund Dill

Den Karpfen im gefüllten Spülbecken wie abgebildet kalt waschen: Durch die Bauchhöhle mit Daumen und Zeigefinger in den Kopf fassen, vorsichtig ausspülen, dabei die Haut möglichst nicht berühren, sonst wird die Schleimschicht verletzt und der Karpfen kocht nicht mehr „blau". Zwiebel und gelbe Rübe schälen und in Scheiben schneiden. Mit Wasser, Salz, Essig, Zitronenscheiben und Fischgewürz in einem großen Topf lauwarm erhitzen. Karpfen in den Sud legen und im offenen Topf bei mittlerer Hitze langsam zum Sieden bringen, bis im Sud kleine Bläschen aufsteigen. Den Karpfen im halb geschlossenen Topf in etwa 50 Minuten gar ziehen lassen. Dabei darauf achten, daß der Sud immer nur perlt, aber nicht sprudelt.
Inzwischen für die Saucen die Butter erhitzen. Das Mehl darin unter Rühren goldgelb rösten. Wasser unter Rühren langsam zugießen und aufkochen. Brühe untermischen. Sauce zugedeckt bei schwacher Hitze 10 Minuten kochen lassen. Milch und Sahne untermischen und bis knapp unter den Siedepunkt erhitzen. Mit Salz und Pfeffer abschmekken. Sauce in zwei Portionen teilen. Unter die eine Portion den Senf rühren. In die andere Portion den feingehackten Dill mischen. Außerdem passen dazu: Salzkartoffeln und braune Butter.

Der Karpfen stammt aus Asien und wurde im späten Mittelalter auch in Europa heimisch. Seit langem ist der Fisch in vielen Ländern typisches Weihnachts- und Silvesteressen. Vielleicht, weil seine Schuppen an Münzen erinnern. Eine Schuppe, im Portemonnaie aufbewahrt, soll Glück und Geld bringen.

Gebratene Renken

4 küchenfertige Renken von je ca. 250 g
1 kleine Zwiebel
½ Bund Petersilie
Salz
weißer Pfeffer aus der Mühle
2 EL Zitronensaft
40 g Mehl
2 EL Öl
40 g Butterschmalz
1 Zitrone
8 Zweige krause Petersilie zum Garnieren

Renken innen und außen kalt abspülen, trockentupfen und auf die Arbeitsfläche legen.
Geschälte Zwiebel fein reiben, Petersilie sehr fein hacken. Beide Zutaten mit Salz, Pfeffer und Zitronensaft vermischen. Fische darin wenden. Was nicht an der Haut haften bleibt, ins Innere der Fische füllen. Renken im Mehl wenden.
Öl und Butterschmalz erhitzen: am besten in zwei Pfannen, die jeweils so groß sind, daß zwei Renken nebeneinander darin Platz haben. Renken darin bei mittlerer Hitze pro Seite etwa 5 Minuten braten. Herausnehmen und auf heißen Tellern anrichten. Mit Zitronenvierteln und Petersilienzweigen garnieren.

Dazu passen Salzkartoffeln oder Kartoffelsalat und grüner Salat.

Renken, auch Maränen oder Felchen genannt, sind wie Forellen mit dem Lachs verwandt und gehören zu den wichtigsten Speisefischen. Sie leben in den Seen des Alpen- und Voralpenlandes, beispielsweise im Weißensee im Ostallgäu. Regelmäßig frisch bekommt man sie daher nur in Süddeutschland. Anderswo müssen Sie die Fische vorbestellen oder das Gericht mit Forellen zubereiten.

Krenfleisch

Ganz frischen, beißendscharfen Meerrettich müssen Sie im Freien schälen und reiben oder bei weit geöffnetem Küchenfenster.

1½ Liter Wasser
7 schwarze Pfefferkörner
1 Lorbeerblatt, Salz
1 Schweinehinterhaxe (etwa 1,4 kg)
1 große Zwiebel
100 g Knollensellerie
1 große gelbe Rübe (Möhre)
1 Stange Lauch (Porree)
½ Stange frischer Meerrettich (etwa 20 cm lang)

Tip:
Meerrettich immer frisch reiben und gut zugedeckt nur kurz stehenlassen. So behält er seine aromatische Schärfe.

Wasser mit Pfefferkörnern, Lorbeerblatt und Salz aufkochen. Schweinshaxe zugeben, bei starker Hitze rasch bis knapp unter den Siedepunkt erhitzen. Die Temperatur zurückschalten, Haxe bei schwacher bis mittlerer Hitze 1 ¾ Stunden zugedeckt garen. Zwiebel, Sellerie und gelbe Rübe schälen, Lauch putzen. Alles unzerkleinert zur Haxe geben und noch einmal etwa 15 Minuten garen, bis das Fleisch weich ist. Meerrettich schälen, waschen und reiben. Haxe in Scheiben vom Knochen schneiden und auf vorgewärmten heißen Tellern verteilen. Gemüse in Stücke schneiden und darauf anrichten. Jede Portion mit Brühe übergießen und mit Meerrettich bestreuen. Restlichen Meerrettich dazu servieren.
Gut passen Pellkartoffeln und Gemüse wie Rosenkohl, Weißkohl oder Wirsing.

Das ist gekochtes Schweinefleisch mit einer ordentlichen Portion Meerrettich, in Bayern und Österreich „Kren" genannt. Das Wort kommt aus dem Slawischen und zeigt, woher die tränentreibende Wurzel eigentlich stammt: aus den Steppen weit im Osten der früheren Sowjetunion. Wichtig beim Krenfleisch: Das Gemüse muß noch knackig im Biß, die Brühe reichlich sein, damit man die Kartoffeln darin zerdrücken kann.

Schweinsbraten mit Bier

Zutaten für 6 Personen

1,5 kg Schweinefleisch mit Fettschicht und Schwarte (Kamm oder Bug)
Salz
schwarzer Pfeffer aus der Mühle
1 TL Kümmelkörner
⅛ Liter Wasser
1 große Zwiebel
1 Knoblauchzehe
1 Bund Suppengrün
1 Tomate
1 Stück Rinde von altbackenem Roggenbrot (etwa 50 g)
⅜ Liter dunkles Bier

Tip:
Damit der Braten eine knusprige Kruste bekommt, das Fleischstück mit der Schwartenseite nach oben auf die Arbeitsfläche legen.
Die Schwarte mit einem langen, scharfen Messer in etwa fingerbreite Streifen schneiden. Dabei nur so tief schneiden, daß Sie zwar die Schwarte ganz durchtrennen, aber nicht in die Fettschicht schneiden. Nun das Stück etwas drehen und die Schwarte in Rauten schneiden.

Vorbereitetes Fleischstück – beachten Sie den Tip! – rundherum mit Salz, Pfeffer und Kümmel einreiben und mit der Schwartenseite nach unten in einen Bräter legen, Wasser an den Seiten zugießen. Bräter ohne Deckel auf dem Rost in den kalten Backofen (untere Schiene) stellen. Ofen auf 220 °C (Umluft 200 °C, Gas Stufe 5) schalten. Fleisch etwa 45 Minuten garen, bis das Wasser verdampft ist.
Inzwischen Zwiebel und Knoblauch schälen und halbieren. Suppengrün putzen, waschen und grob zerkleinern. Alles mit der gewaschenen Tomate und dem Brot neben dem Fleisch verteilen. Etwa ⅛ Liter Bier zugießen. Temperatur auf 200 °C (Umluft 180 °C, Gas Stufe 4) zurückschalten. Fleisch weitere 45 Minuten braten, dann wenden und noch einmal 30 Minuten braten. Dabei nach und nach das restliche Bier zugießen.
Fleisch aus der Sauce nehmen und auf den Rost legen. Mit der Fettpfanne darunter wieder in den Ofen schieben und 15 Minuten braten, bis die Schwarte braun und knusprig ist.
Inzwischen die Sauce durch ein Sieb gießen, Gemüse und Brot mit einem Löffelrücken leicht ausdrücken und wegwerfen. Sauce nach Wunsch entfetten und wieder in den Bräter gießen. Bräter auf die Kochstelle setzen und die Sauce aufkochen. Dabei den Bratensatz unter Rühren lösen.
Fleisch in Scheiben schneiden, auf Tellern anrichten und mit Sauce überziehen.
Dazu Kartoffelknödel (Rezept Seite 154) und Gemüse wie Wirsing, Blaukraut oder Rosenkohl reichen. Als weitere Beilagen schmecken: Gurken-, Kopf- und/ oder Krautsalat.

Schweinsbraten, Bier und Bayern gelten dem „Zug'roasten" oder Touristen fast als Synonyme. Und selbst Bayern, die gänzlich frei sind von kulinarischem Patriotismus, versichern: Nirgendwo bekommen Sie ein so saftiges und trotzdem kerniges Stück Fleisch, eine so kräftige und aromatische Sauce wie in einem urbayerischen Wirtshaus.

Zweimal bayerische Würste mit Beilagen

WOLLWÜRSTE MIT KARTOFFELBREI

1 kg mehlig kochende Kartoffeln, 400 ml Milch,
Salz, Pfeffer, Muskatnuß
1 EL Butter, 2 EL Öl
8 Wollwürste oder Kalbsbratwürste
körniger Senf

SCHWEINSWÜRSTEL MIT KRAUT

1 EL Schweineschmalz
750 g Sauerkraut
¼ Liter Apfelsaft
⅛ Liter Fleischbrühe
200 g geräucherter Bauchspeck (Wammerl)
1 Lorbeerblatt
3 Gewürznelken
1 TL Wacholderbeeren
3 weiße Pfefferkörner
8 Schweinswürstel

WOLLWÜRSTE

Kartoffeln schälen, waschen, würfeln und mit der Milch aufkochen. Zugedeckt bei schwacher Hitze in etwa 20 Minuten sehr weich kochen. Salz, Pfeffer, Muskat und Butter zufügen und mit dem Kartoffelstampfer fein zerdrücken. Während die Kartoffeln garen, Öl in einer Pfanne erhitzen. Wollwürste darin bei mittlerer Hitze pro Seite etwa 3 Minuten braten, bis sie goldgelb sind.

SCHWEINSWÜRSTEL

Schmalz erhitzen, zerpflücktes Sauerkraut darin unter Rühren etwa 2 Minuten anbraten. Apfelsaft und Brühe zugießen und aufkochen. Speck auf das Kraut legen, Gewürze zugeben. Kraut zugedeckt bei schwacher Hitze etwa 1 Stunde garen.
Schweinswürstel ohne Fettzugabe bei schwacher Hitze 10 Minuten unter häufigem Wenden braten, bis ein großer Teil des Fettes ausgetreten ist. Würste nun bei mittlerer bis starker Hitze in weiteren 5 Minuten braun rösten.
Speck in Scheiben schneiden und mit den Würsteln auf dem Kraut anrichten. Dazu paßt Brot oder Kartoffelbrei (siehe oben).

Gebratene Würste mit Kraut gab es schon vor Jahrhunderten in der „Historischen Wurstküche" zu Regensburg – für die feinen Herren, die den Reichstag besuchten und für die Handwerker, die den Regensburger Dom erbauten. Überhaupt lernt der Fremde Schweinswürstel mit Kraut eher kennen als Wollwürste, auch G'schwollene genannt. Schade eigentlich, denn die hautlosen Würste aus Brät vom Schwein und Kalb schmecken, goldbraun gebraten, wunderbar. – Im Gegensatz zu Bratwürsten sind Weißwürste (kleines Bild oben) historisch noch jung. Wer sie wann erfand, lesen Sie auf Seite 26.

Beinfleisch mit Schnittlauchsauce

1 Zwiebel
1 Bund Suppengrün
1 gelbe Rübe (Möhre)
1 Stange Sellerie
1 Lorbeerblatt
1 TL schwarze Pfefferkörner
2 Liter Wasser
750 g Ochsenfleisch (Spannrippe, Brust oder Kamm)
Salz

Für die Sauce:
4 Scheiben Toastbrot
⅛ Liter Milch
2 hartgekochte Eigelb
2 rohe Eigelb
⅛ Liter Öl
2 EL Zitronensaft
2 EL Brühe vom Fleisch
Salz
weißer Pfeffer aus der Mühle
2 Bund Schnittlauch

Tip:
Suppenfleisch butterweich kochen dauert lang. Die Brühe darf immer nur leicht perlen, aber nicht sprudelnd kochen, sonst wird das Fleisch trocken.

Zwiebel ungeschält halbieren. Suppengrün putzen und waschen. Gelbe Rübe schälen, Sellerie waschen. Alle diese Zutaten mit Lorbeerblatt, Pfefferkörnern und Wasser in einem Topf aufkochen. Ochsenfleisch zugeben, bei mittlerer Hitze langsam bis knapp unter den Siedepunkt erhitzen. Kochlöffel zwischen Topf und Deckel legen und das Fleisch so fast zugedeckt bei schwacher Hitze in 2 bis 2 ½ Stunden gar ziehen lassen.
Für die Sauce Toastbrot entrinden und zerpflücken. In eine Schüssel geben und mit der kochendheißen Milch übergießen. Brot weich werden und dabei lauwarm abkühlen lassen. Mit dem gekochten und dem rohen Eigelb zu einer dicken Paste verrühren. Zuerst tropfenweise, dann in dünnem Strahl das Öl untermischen, bis die Sauce dick wie Mayonnaise ist. Zitronensaft, Brühe, Salz und Pfeffer unterrühren. Zum Schluß den fein zerkleinerten Schnittlauch in die Sauce mischen. Fleisch eventuell von Knochen befreien, in Scheiben schneiden und auf vorgewärmten Tellern anrichten. Schnittlauchsauce dazu servieren.
Es passen außerdem: Brot oder Bratkartoffeln.

Boana, *auf hochdeutsch „Beine", sind im Bayerischen nicht speziell die Gliedmaßen, die Tier und Mensch zum Stehen und Gehen brauchen, sondern ganz allgemein die Knochen. Weshalb in Bayern der Tod auch liebevoll-spöttisch* Boandlkramer *genannt wird und ein Fleisch mit Knochen eben „Beinfleisch" heißt.*

Bifflamott

Für die Beize:
1 Bund Suppengrün
1 Zwiebel
1 gelbe Rübe (Möhre)
1 Petersilienwurzel
1 Päckchen Sauerbratengewürz
¾ Liter Wasser
200 ml milder Rotweinessig
500 g Rindfleisch (Bug oder Hesse)
Salz

Zum Schmoren:
1 großes Bund Suppengrün
1 Zwiebel
Salz
1 EL Butterschmalz
1 Kalbsknochen
20 g Mehl
1 TL Zucker
1 TL getrockneter Majoran
schwarzer Pfeffer aus der Mühle
2 EL Schnittlauchröllchen

Suppengrün putzen und waschen, Zwiebel, gelbe Rübe und Petersilienwurzel schälen. Alle diese Zutaten grob zerkleinern, mit Sauerbratengewürz, Wasser und Essig aufkochen. Erkalten lassen. Fleisch in eine Glas- oder Porzellanschüssel legen, mit der Beize übergießen und zugedeckt im Kühlschrank 2 bis 4 Tage marinieren.
Zum Schmoren das zweite Bund Suppengrün ebenfalls putzen, waschen und grob zerkleinern. Geschälte Zwiebel in Stücke schneiden. Fleisch aus der Beize nehmen, abtrocknen und rundherum mit Salz würzen. Beize durchsieben, feste Teile wegwerfen. Butterschmalz in einem Schmortopf erhitzen. Fleisch darin rundherum bei starker bis mittlerer Hitze anbraten. Herausnehmen, Suppengrün, Zwiebel und Kalbsknochen anbraten. Etwa ein Drittel der Beize zugießen, Bratfond unter Rühren damit lösen. Fleisch wieder in den Topf geben. Zugedeckt bei mittlerer bis schwacher Hitze etwa 2 Stunden schmoren, bis es weich ist. Dabei die restliche Beize bis auf etwa 6 Eßlöffel (für die Sauce) nach und nach zugießen. Fleisch herausnehmen und bei 50 °C im Backofen warm halten.
Schmorflüssigkeit durch ein Sieb in einen Topf gießen. Gemüse und Knochen wegwerfen. Schmorflüssigkeit aufkochen. Mehl mit der übrigbehaltenen Beize glattrühren, mit einem Schneebesen unter die Flüssigkeit rühren und aufkochen. Zugedeckt bei schwacher Hitze 5 Minuten kochen lassen. Mit Zucker, Majoran, Salz und Pfeffer würzen. Fleisch in Scheiben schneiden, auf Tellern anrichten, mit etwas Sauce überziehen und mit Schnittlauchröllchen bestreuen. Restliche Sauce dazu servieren. Dazu passen Semmelknödel (Rezept Seite 144), Bauernknödel (Rezept Seite 150) oder Nudeln und Salat.

Für das Bœuf à la mode, *also geschmortes Rindfleisch in dunkler Sauce, nennt schon der berühmte französische Koch Varenne (etwa 1616 bis 1678) ein Rezept. Die auf jedem Gebiet bedeutenden Verbindungen zwischen Frankreich und Bayern brachten das Gericht in bayerische Bürgerküchen. Dort erhielt das würzige Ragout seinen Namen „Bifflamott" – ganz so, wie eben das Französische für bayerische Ohren klang.*

ROBBE & BERKING

Rindfleisch auf Wildbretart

750 g Rindfleisch (Kugel oder Schaufelstück) in etwa 2 cm dicken Scheiben
1 kleine Zwiebel
1 Knoblauchzehe
1 TL weiße Pfefferkörner
3 Wacholderbeeren
abgeriebene Schale von ½ Zitrone
3 EL Zitronensaft
Salz
3 EL Öl
4 Lorbeerblätter
1 Stück Brotrinde (etwa 20 g)
⅛ Liter Wasser
200 ml trockener Rotwein
150 g Schalotten oder kleine Zwiebeln
1 TL Tomatenmark
50 g saure Sahne

Tip:
Für dieses Essen brauchen Sie einen kräftigen Rotwein – teils für die Sauce, teils zum Trinken bei Tisch. Gut geeignet: Chianti, Barolo oder Châteauneuf-du-Pape, preiswerter Côtes-du-Rhône oder Beaujolais.

Fleisch trockentupfen. Für die Würzmischung Zwiebel und Knoblauch sehr fein hacken. Pfefferkörner und Wacholderbeeren zerdrücken. Alle diese Zutaten mit Zitronenschale und -saft vermischen. Fleischscheiben damit bestreichen und aufeinander geschichtet zugedeckt im Kühlschrank über Nacht ziehen lassen. Würzmischung auf einen Teller abstreifen. Fleischscheiben mit Salz würzen und bei starker Hitze im heißen Öl braun anbraten. Dachziegelartig in einen Bräter legen. Würzmischung, Lorbeerblätter und Brotrinde zugeben. Etwa die Hälfte von Wasser und Wein an den Seiten zugießen. Bräter schließen und in den kalten Backofen (untere Schiene) stellen. Ofen auf 160 °C (Umluft 150 °C, Gas Stufe 2) schalten. Fleisch 1½ Stunden schmoren. Dabei nach und nach den Rest von Wasser und Wein an den Seiten zugießen. – Schalotten schälen, zum Fleisch geben und weitere 30 Minuten schmoren. Fleisch und Schalotten auf einer vorgewärmten Platte anrichten. Brotrinde und Lorbeerblätter aus der Schmorflüssigkeit nehmen, Tomatenmark und saure Sahne unterrühren. Sauce zum Fleisch servieren.

Dazu passen Bauernknödel (Rezept Seite 150), Schupfnudeln (Rezept Seite 158) oder Spätzle und Salat.

In alten Kochbüchern finden Sie häufig den Zusatz „auf Wildbretart". Das heißt nicht, daß Wild nur auf die Tische von Adel und Klerus kam und der Bürger sich mit dem Imitat begnügen mußte. Im 19. Jahrhundert, als die meisten bürgerlichen Kochbücher geschrieben wurden, gab es dieses feudale Adelsprivileg nicht mehr. Es bedeutet nur, daß Fleisch mit den typischen kräftigen Gewürzen für Wild – Pfefferkörnern, Wacholderbeeren, Lorbeerblättern – geschmort und die dunkle Sauce mit Brotrinde und saurer Sahne gebunden wird.

Gebackenes Kalbsbries

2 Kalbsbriese zu je etwa 250 g
Salz
1 Ei
1 Eigelb
30 g Mehl
50 g Semmelbrösel
weißer Pfeffer aus der Mühle
2 EL Butter zum Braten
1 Bund krause Petersilie
1 Zitrone

Kalbsbriese kalt abspülen und mit kaltem Wasser bedeckt in einen Topf geben. 1 Teelöffel Salz zufügen. Wasser bei mittlerer Hitze langsam zum Kochen bringen. Briese nach dem Aufkochen zugedeckt bei schwacher Hitze 15 Minuten garen.
Abgießen, kalt abschrecken und häuten. Dabei auch alle Äderchen und Knorpel entfernen. Briese erkalten lassen und in fingerdicke Scheiben schneiden.
Ei mit Eigelb auf einem Teller verrühren. Mehl und Semmelbrösel auf zwei weiteren Tellern bereitstellen. Briesscheiben mit Salz und Pfeffer würzen, zuerst in Mehl, dann in Ei und zuletzt in den Semmelbröseln wenden.
Butter in einer großen Pfanne zerlassen. Briesscheiben darin bei mittlerer bis schwacher Hitze pro Seite etwa 4 Minuten braten, bis die Scheiben goldbraun sind. Mit Petersiliensträußchen und Zitronenschnitzen garniert auf vorgewärmten Tellern anrichten.
Dazu passen grüner Salat oder Tomatensalat und Weißbrot oder Kartoffelbrei (Rezept Seite 94).

Unter Kennern – egal ob in Bayern oder anderswo – ist Bries, das zarteste Stück vom Kalb, sehr begehrt. Am besten schmecken Briese von Kälbern, die mit Milch ernährt wurden. Und das qualitativ beste Fleisch bekommen Sie von Höfen mit artgerechter Tierhaltung. Ganz wichtig auch: Wie alle Innereien muß Bries sehr frisch sein. Deshalb beim Metzger bestellen oder den Tag der Lieferung vormerken.

Gefüllte Kalbsbrust

Zutaten für 8 Personen

1,5 kg Kalbsbrust
½ Liter Wasser
1 Bund Suppengrün

Für die Füllung:
3 Brezeln
¼ Liter Milch
1 Zwiebel
2 Bund Petersilie
200 g Austernpilze
100 g Butter
abgeriebene Schale von ½ Zitrone
2 EL Zitronensaft
1 EL Semmelbrösel
2 Eier
Salz
weißer Pfeffer aus der Mühle
frisch geriebene Muskatnuß
2 EL Öl

Für die Sauce:
1 kleine Zwiebel
1 gelbe Rübe (Möhre)
1 TL getrockneter Thymian
4 EL trockener Weißwein

Knochen der Kalbsbrust vom Metzger auslösen lassen und für die Brühe mitnehmen. Fettschicht auf dem Fleisch bis auf etwa 3 cm abschneiden. Knochen mit Wasser und geputztem, grob zerkleinertem Suppengrün zum Kochen bringen und zugedeckt bei schwacher Hitze 2 Stunden kochen. Brühe durchsieben und entfetten – zum großen Teil durch Aufsaugen mit Küchenpapier.
Für die Füllung Brezeln grob zerschneiden und mit der kochendheißen Milch übergießen. Zugedeckt ziehen lassen, bis die anderen Zutaten vorbereitet sind. Zwiebel und Petersilie fein hakken. Pilzhüte in feine Streifen schneiden, Strünke fein würfeln. 2 Eßlöffel Butter in einer Pfanne erhitzen. Zwiebel, Petersilie und Pilze darin bei mittlerer bis starker Hitze etwa 5 Minuten braten, bis die Flüssigkeit, die sich bildet, wieder verdampft ist. Von der Kochstelle nehmen.
Restliche Butter mit Zitronenschale und Saft schaumig rühren. Zuerst eßlöffelweise die Brezeln, dann Eier, Pilzmischung und Semmelbrösel unterrühren. Mit Salz, Pfeffer und Muskat kräftig abschmecken und in die Kalbsbrust geben. Öffnung mit Küchengarn zunähen.
Öl in einem Bräter erhitzen. Kalbsbrust bei starker Hitze von beiden Seiten kräftig anbraten, bis sie gebräunt ist. Die Hälfte der Kalbsbrühe zugießen. Bräter schließen und in den kalten Backofen (untere Schiene) stellen. Ofen auf 200 °C (Umluft 180 °C, Gas Stufe 4) schalten. Kalbsbrust 1½ Stunden schmoren.
Für die Sauce Zwiebel und gelbe Rübe schälen und fein zerkleinern. Mit Thymian und Wein zum Braten geben. Kalbsbrust 1 weitere Stunde schmoren, dabei nach und nach die restliche Brühe zugießen und den Braten immer wieder mit dem Fond begießen. Kalbsbrust herausnehmen und vor dem Anschneiden 15 Minuten ruhen lassen.
Sauce nach Wunsch einkochen. Dazu passen Kartoffelsalat, grüner Salat und Gurkensalat.

Festtagsbraten auf die feine bayerische Art: zartes Fleisch mit saftig-aromatischer Füllung aus Brezeln, Pilzen und Zitrone.

HIRNPAVESEN

300 g Kalbshirn
Salz
1 Schalotte oder kleine Zwiebel
½ Bund Petersilie
weißer Pfeffer aus der Mühle
8 Scheiben Kastenweißbrot (je ½ cm dick)
½ Liter Milch
2 Eier
50 g Semmelbrösel
Öl oder Butterschmalz zum Braten
Petersilie und Zitrone zum Garnieren

Tip:
Hirn und Bries (Rezept Seite 102) immer vorab kochen, damit Sie die aderreiche Haut leicht entfernen können.

Das Hirn 15 Minuten in kaltes Wasser legen, damit das Blut austritt. Wasser weggießen. Hirn in einem Topf mit frischem Wasser bedecken, 1 Teelöffel Salz zugeben. Wasser bei mittlerer Hitze langsam zum Kochen bringen, Hirn zugedeckt bei schwacher Hitze 5 Minuten garen.
Abgießen, kalt abschrecken, erkalten lassen und häuten. Hirn mit einer Gabel fein zerdrücken. Geschälte Schalotte und gewaschene Petersilie fein hacken und zugeben. Mit Salz und Pfeffer kräftig würzen und auf vier der Brotscheiben glattstreichen. Die restlichen Brotscheiben darauflegen und leicht andrücken.
Milch mit Eiern verquirlen. Semmelbrösel auf einen großen Teller geben. Fett in einer Pfanne erhitzen. Hirnschnitten zuerst in der Eiermilch, dann in den Semmelbröseln wenden. Im heißen Fett bei mittlerer Hitze pro Seite etwa 5 Minuten braten, bis die Schnitten goldbraun sind. Mit Petersiliensträußchen und Zitronenschnitzen garniert auf heißen Tellern anrichten.
Dazu paßt grüner Salat oder zartes Gemüse wie Zuckerschoten, Erbsen oder Spargel.

Die militärische Bedeutung ist vergessen, die kulinarische erhalten: Das mittelhochdeutsche Wort pavese *oder* pafese *bezeichnete einen Schild, den man mittels einer eisernen Spitze in den Boden rammen konnte. Dahinter fand der Schütze Deckung. Schon im späten Mittelalter aber nannte man* pavesen *oder* klamirre *auch gebackene, mit Hirn gefüllte Brotscheiben.*

Rahmgulasch

600 g Kalbfleisch ohne Knochen (Kamm oder Bug)
Zwiebeln
2 EL Öl
1 EL Mehl
1 EL edelsüßes Paprikapulver
¼ Liter Fleischbrühe
Salz
1 Stück Zitronenschale
2 Tomaten
200 g Crème fraîche
Cayennepfeffer
2 EL frisch gehackte Petersilie

Tip:
Immer nur so viele Fleischwürfel anbraten, daß sie nebeneinander liegen. Dann ist die Hitze so stark, daß das Fleisch richtig braun brät und nicht im eigenen Saft schmort.

Fleisch in etwa gulaschgroße Würfel schneiden. Zwiebeln schälen und hacken. Öl erhitzen. Fleisch darin bei starker Hitze portionsweise rundherum braun anbraten. Jede Portion wieder herausnehmen und auf einem Teller beiseite stellen. Zuletzt Zwiebeln im Bratfett bei schwacher Hitze glasig braten. Das gesamte Fleisch wieder zugeben, mit Mehl und Paprika bestäuben und bei mittlerer Hitze unter Rühren einige Sekunden rösten. Brühe zugießen, Bratensatz damit lösen. Salz und Zitronenschale zugeben. Aufkochen und zugedeckt bei schwacher Hitze etwa 1 Stunde schmoren, bis das Fleisch weich ist. Tomaten häuten und würfeln, dabei Stielansätze herausschneiden. Mit der Crème fraîche zum Fleisch geben und aufkochen. Mit Salz und Cayennepfeffer abschmecken, in einer heißen Schüssel anrichten und nach Wunsch mit Petersilie bestreuen. Dazu schmecken sehr gut: Nudeln, Kartoffelbrei (Rezept Seite 94), Semmelknödel (Rezept Seite 144) oder Bauernknödel (Rezept Seite 150) und Salat.

Typisch bayerisch ist dieses Gericht und deshalb voll der Einflüsse, die Bayern im Laufe seiner kulinarischen Geschichte aufgenommen hat. Gulasch ist aus seiner Heimat Ungarn über Österreich nach Westen gelangt und hat dabei einen Teil seiner Paprikaschärfe verloren: In den feinen Bürgerhäusern mochte man es nun mal milder als in der Puszta! Tomaten und Crème fraîche sind nicht original, aber sehr delikat. Denn sie fügen die fruchtige Säure italienischer Küche und die Raffinesse von Frankreichs sahnigen Saucen hinzu.

Rehgulasch mit Steinpilzen

2 Päckchen getrocknete Steinpilze (etwa 30 g)
1/8 Liter Wasser
750 g Rehfleisch aus der Schulter (ohne Knochen)
50 g fetter Speck
1 kleine Zwiebel
1 EL Öl
25 g Butter
Salz
weißer Pfeffer aus der Mühle
1/4 TL gemahlener Koriander
200 ml Wildfond (Glas)
50 ml trockener Rotwein
1 EL Zitronensaft
1 TL Johannisbeergelee
125 g süße Sahne (Rahm)
1 EL gehackte Petersilie

Steinpilze im Wasser 3 Stunden einweichen. Herausnehmen und auf einem Sieb kalt abspülen. Einweichwasser durch eine Kaffeefiltertüte gießen, um Erdreste zu entfernen, die sich aus den Pilzen gelöst haben, und beiseite stellen. Fleisch von Fett, Sehnen und Häuten befreien und in gulaschgroße Würfel schneiden.
Speck fein würfeln. Zwiebel schälen und hacken. Öl und Butter in einer Kasserolle erhitzen. Speck darin bei schwacher Hitze glasig braten, mit einem Schaumlöffel herausnehmen und auf einem Teller beiseite stellen.
Fleisch portionsweise im heißen Fett bei starker bis mittlerer Hitze rundherum anbraten. Jeweils herausnehmen und zum Speck geben. Wenn das Fleisch angebraten ist, Zwiebel glasig braten. Fleisch und den Speck wieder zugeben, mit Salz, Pfeffer und Koriander würzen. Einweichwasser der Pilze, Wildfond und Rotwein zugießen, aufkochen und zugedeckt 45 Minuten schmoren. Pilze und Zitronensaft zugeben und weitere 15 Minuten schmoren. Johannisbeergelee und Sahne untermischen und bis knapp unter den Siedepunkt erhitzen, aber nicht mehr aufkochen. Mit Salz und Pfeffer abschmecken und mit Petersilie bestreut servieren. Dazu passen Nudeln oder Bauernknödel (Rezept Seite 150) und Salat.

Wildbret war im waldreichen Bayern immer beliebt, Jagd und Wilderei übrigens auch, wie Sie unter anderem bei Ludwig Ganghofer nachlesen können. Wildromantisches nach Ganghofers Art widerfuhr auch König Ludwig III., dem letzten bayerischen König: Nach der Revolution im November 1918 floh er ins Berchtesgadener Land, wo ihn Königstreue in einem Jagdhaus versteckten.
Rehgulasch aus dem Kochbuch meiner Großmutter, stark modernisiert: Statt dunkler Mehltunke finden Sie eine leichte Sauce aus Rotwein, Wildfond und Sahne, fein abgeschmeckt mit süß-saurem Johannisbeergelee.

Kaninchen in Wein geschmort

1 küchenfertiges Kaninchen von etwa 2 kg
2 Bund Suppengrün
1 Zwiebel
1 Bund frischer Thymian
½ Liter trockener Weißwein
3 EL Weißweinessig
1 TL weiße Pfefferkörner
2 Lorbeerblätter
Salz
weißer Pfeffer aus der Mühle
100 g durchwachsener Räucherspeck
2 Schalotten
2 Knoblauchzehen
1 gelbe Rübe (Möhre)
1 mittelgroßes Stück Sellerie
1 Tomate
2 EL Öl
1 EL Tomatenmark

Kaninchen vom Händler in Läufe, zwei Rückenteile und zwei Bauchlappen teilen lassen. Gewaschenes Suppengrün, geschälte, halbierte Zwiebel, Thymian, Wein, Essig, Pfefferkörner und Lorbeerblätter aufkochen und wieder lauwarm abkühlen lassen. Über das Kaninchen gießen. Kaninchen über Nacht zugedeckt kühl stellen.
Fleischteile aus der Marinade nehmen, trockentupfen und mit Salz und Pfeffer würzen. Marinade durchsieben, feste Teile wegwerfen.
Speck würfeln. Schalotten, Knoblauch, gelbe Rübe, Sellerie und Tomate schälen und fein zerkleinern. Öl erhitzen. Speck darin bei schwacher Hitze ausbraten, mit einem Schaumlöffel herausnehmen und auf einem Teller beiseite stellen.
Kaninchenstücke bei mittlerer bis starker Hitze portionsweise im Fett rundherum braun anbraten. Bei der letzten Portion zerkleinertes Gemüse mitbraten. Speck wieder zugeben, Marinade zugießen und aufkochen. Kaninchen zugedeckt bei schwacher Hitze 1 Stunde garen, dabei zweimal wenden.
Fleisch herausnehmen und warm halten. Schmorflüssigkeit nach Wunsch durchsieben und bei starker Hitze unter Rühren einkochen lassen. Tomatenmark untermischen, Sauce mit Salz und Pfeffer abschmecken und über das Fleisch geben.
Dazu passen Bauernknödel (Rezept Seite 150) Semmelknödel (Rezept Seite 144) oder Nudeln und Salat.

Kaninchen gibt es auch in Teilstücken zu kaufen. Für ein Zwei-Personen-Gericht nehmen Sie am besten Keulen und halbieren die restlichen Zutaten. Die Garzeit bleibt gleich.
Wie anderes helles, mildes Fleisch – Kalb oder Huhn – verträgt Kaninchen kräftige Kräuterwürze. Besonders fein: Thymian, Rosmarin und Bohnenkraut.

Hühnerfrikassee

Zutaten für 8 Personen

1 Huhn von etwa 3 kg
2 Liter Wasser
2 Bund Suppengrün
1 Zwiebel
1 Knoblauchzehe
1 Bund Petersilie
1 Zweig frischer Thymian
1 Stück Zitronenschale
4 weiße Pfefferkörner
1 Lorbeerblatt
Salz
80 g Butter
60 g Mehl
abgeriebene Schale von 1 Zitrone
Saft von 2 kleinen Zitronen
200 g süße Sahne (Rahm)
weißer Pfeffer aus der Mühle
eventuell 2–3 EL Kapern
1 großes Bund Schnittlauch
1 Handvoll frischer Kerbel

Tip:
Kerbel nicht mitkochen, damit er sein pfefferiges Aroma behält.

Huhn innen und außen kalt abspülen. Wasser aufkochen, Huhn zugeben und rasch zum Kochen bringen. Zugedeckt bei schwacher Hitze 45 Minuten garen.
Suppengrün putzen, waschen und grob zerkleinern. Zwiebel und Knoblauchzehe schälen und halbieren, Petersilie und Thymian waschen. Alle diese Zutaten, Zitronenschale, Pfefferkörner und Lorbeerblatt zum Huhn geben. Brühe salzen und weitere 45 Minuten knapp unter dem Siedepunkt garen, bis das Huhn weich ist.
Herausnehmen, häuten, entbeinen und in mundgerechte Stücke schneiden. Brühe durch ein Sieb gießen, entfetten und für die Sauce 1 Liter abmessen. Den Rest für eine Suppe verwenden.
Butter zerlassen, Mehl darin unter Rühren hellgelb anrösten. Abgemessene Brühe unter ständigem Rühren dazugießen und aufkochen, bis die Sauce glatt ist. Zugedeckt bei schwacher Hitze 10 Minuten kochen lassen.
Fleisch, Zitronenschale, Saft, Sahne und nach Wunsch die Kapern untermischen und erhitzen, aber nicht mehr aufkochen. Frikassee mit Salz und Pfeffer abschmecken. Schnittlauch und Kerbel fein zerkleinern und unmittelbar vor dem Servieren unter das Frikassee mischen.
Dazu passen Nudeln oder Reis und Salat.

Noch immer – oder endlich wieder? – gibt es nicht nur in Bayern viele Landwirte, die Hühner auf dem Hof und nicht im Käfig halten. Natürlich schmeckt das Fleisch von freilaufenden Tieren, die sich den größten Teil ihres Futters selbst suchen, viel besser als das von Geflügel aus Massentierhaltung. Wo Sie richtige Mistkratzer kaufen können, steht auch auf Seite 56.

Gänsebraten

Zutaten für 6 Personen

1 junge Gans von etwa 4 kg
2 EL Salz
1½ EL schwarzer Pfeffer aus der Mühle
1 Zwiebel
1 gelbe Rübe (Möhre)
¼ Liter Wasser
1 TL getrockneter Majoran
⅛ Liter dunkles Bier oder Fleischbrühe.

Tip:
Gänse- und Entenbraten am Vorabend mit Salz und Pfeffer einreiben. Dann schmeckt das Fleisch besonders würzig.

Gans innen und außen kalt abspülen und mit einem Küchentuch wieder gründlich trocknen. Salz und Pfeffer auf einem Teller mischen. Die Gans mit etwa einem Viertel der Mischung innen würzen, den Rest rundherum kräftig in die Haut der Gans reiben. Gans mit einem trockenen Küchentuch bedeckt über Nacht in den Kühlschrank legen.
Zum Braten Zwiebel und gelbe Rübe schälen und in große Stücke schneiden. Wasser aufkochen. Gans mit Majoran ausstreuen, mit der Brust nach unten in einen Bräter legen, mit dem kochendheißen Wasser übergießen und mit den Zwiebel- und Rübenstücken umlegen. Bräter in den kalten Backofen (untere Schiene) stellen. Ofen auf 200 °C (Umluft 180 °C, Gas Stufe 4) schalten. Gans etwa 1 Stunde braten, bis das Fett beginnt auszutreten.
Die Gans drehen, so daß sie mit den Keulen nach oben im Bräter liegt. Haut seitlich unterhalb der Keulen und der Flügel mehrmals einstechen, damit das Fett unter der Haut ausbrät. Gans weitere 50 Minuten braten, dabei das Fett im Bräter etwa alle 10 Minuten abschöpfen und die Gans mit dem Bratensaft begießen. Ofen auf 240 °C (Umluft 220 °C, Gas Stufe 5) schalten. Gans aus dem Bräter nehmen, mit den Keulen nach oben auf den Rost legen, mit Bier bestreichen und wieder in den Backofen (untere Schiene) schieben. Fettpfanne darunter nicht vergessen!
Gans weitere 30 Minuten braten. Dabei häufig mit dem Bier bepinseln, bis die Haut knusprig und braun ist.
Herausnehmen, tranchieren und im abgeschalteten Backofen warm halten, bis die Sauce fertig ist. Dafür das Fett auf dem Bratfond so gut wie möglich abschöpfen. Fond durch ein Sieb in einen Topf umgießen, dabei den Satz am Boden des Bräters lösen. Fond einmal aufkochen und nach Wunsch bei starker Hitze unter Rühren etwas einkochen. Sauce gesondert zur Gans servieren.

Beim bayerischen Gänsebraten kommt es nicht auf die Füllung an. Wichtig ist das Drumherum: Eine kräftige Sauce, Kartoffelknödel, Blaukraut gehören dazu. Kein Wunder übrigens, daß mancher Bayer Maronen und Äpfel zwar in die Gans stopft, beim Essen aber verschmäht – galten beide Früchte anno dazumal doch als Futter für die Schweine!

Dunkel
50 cl
BIER

Gänsekeulen mit Blaukraut

Für 3 Personen

6 Dörrpflaumen ohne Stein
⅛ Liter Wasser
2 Gänsekeulen zu je etwa 500 g
Salz
schwarzer Pfeffer aus der Mühle
½ EL Gänseschmalz
⅛ Liter Hühnerbrühe
2 Zwiebeln
1 gelbe Rübe (Möhre)
1 TL Beifuß oder getrockneter Majoran
1 Kopf Blaukraut (Rotkohl)
1 säuerlicher Apfel
1 Lorbeerblatt
1 Stück Zimtstange
1 TL brauner Zucker
2 EL milder Essig

Dörrpflaumen 2 Stunden im Wasser einweichen.
Gänsekeulen mit Salz und Pfeffer einreiben. ½ Eßlöffel Schmalz erhitzen. Keulen darin bei mittlerer Hitze rundherum braun anbraten. Brühe zugießen und aufkochen. Eine geschälte halbierte Zwiebel, die geschälte, in Stücke geschnittene gelbe Rübe und den Beifuß zugeben. Keulen zugedeckt bei schwacher Hitze in etwa 1½ Stunden weich schmoren. Dabei das Fett immer wieder abschöpfen. 2 Eßlöffel davon für das Blaukraut in einen Topf geben.
Die zweite Zwiebel schälen und fein hacken. Blaukraut vierteln, Strunk herausschneiden, Kraut waschen, trockenschwenken und in feine Streifen hobeln. Apfel waschen, vierteln und vom Kerngehäuse befreien. Zwiebel im erhitzten Gänseschmalz bei schwacher Hitze glasig braten. Kohl zugeben und unter Rühren etwa 5 Minuten anbraten. Einweichflüssigkeit der Dörrpflaumen, Apfel, Lorbeerblatt und Zimt zugeben. Blaukraut aufkochen und zugedeckt bei schwacher Hitze 30 Minuten schmoren. Dörrpflaumen, Zucker und Essig untermischen, Kraut mit Salz und Pfeffer würzen und weitere 5 Minuten schmoren. Mit den Keulen auf vorgewärmten Tellern anrichten. Dazu passen außerdem Schupfnudeln (Rezept Seite 158), Kartoffel- oder Bauernknödel (Rezepte Seite 154 und 150).

Beifuß wächst in ganz Europa wild. Johanneskraut, Jungfernkraut, Männerkrieg oder auch Himmelskehrkraut sind ein paar seiner weiteren Namen. Zum Würzen nimmt man nur die geschlossenen Blütenrispen und die oberen zarten Blättchen. Bereits geöffnete Blüten und größere Blätter schmecken bitter.

Schweinshaxn gebraten oder gegrillt

2 hintere Schweinshaxn
Salz
Pfeffer
Kümmel
1 Prise Knoblauchpulver
¾ Liter kochendes Wasser
1 Zwiebel mit der Schale, geviertelt
etwas Bier

Die Schweinshaxn waschen, Schwarte würfelförmig einschneiden, mit Salz und den Gewürzen gründlich einreiben. In die Fettpfanne des Backofens oder in eine Kasserolle geben und etwas kochendes Wasser aufschütten. Die Haxn etwa 2 bis 2½ Stunden bei 200 °C bräunen. Dabei öfters mit Wasser begießen und wenden, die Zwiebel hinzugeben und den Rest des kochenden Wassers seitlich nachgießen. Kurz vor Ende der Garzeit die Haxn auf den Rost legen, öfter mit Bier bestreichen und bei 250 °C knusprig überbacken.
Man kann die Schweinshaxn auch im Schnellkochtopf zirka 10 Minuten dünsten, herausnehmen, mit Bier bestreichen und im Herd oder Grill noch 10 Minuten grillen. Als Beilagen passen Kartoffelknödel, Semmelknödel, Brotknödel, gekochtes Sauerkraut, Kartoffelsalat und grüner Salat.

Früher stellte die selbstgemästete Sau die Hauptquelle aller „fleischlichen“ Freuden dar. Damals waren die ausgewachsenen Hausschweine jedoch viel schwerer und fetter. Eine Haxn muß daher eine wahre Kalorienbombe und nur etwas für einen ausgehungerten Schwerstarbeiter gewesen sein. Auch heute spielt das Schweinerne auf dem Küchenzettel jeder Bajuwarin eine wichtige Rolle – nicht nur, weil es in vielen Variationen zubereitet werden kann und hervorragend schmeckt, sondern weil es auch wichtige Vitamine enthält.

Fleischpflanzerl

Für gute Fleischpflanzerl brauchen Sie zweierlei: Fettreiches Schweinefleisch sorgt dafür, daß der Teig richtig bindet und die Pflanzerl beim Braten saftig bleiben. Eingeweichte Brötchen, auf bayerisch „Semmeln“, machen die Pflanzerl locker. Und Reste von Fleischpflanzerl – übrigens auch von Falschem Hasen – ißt man in Bayern gerne kalt zur Brotzeit: mit blättrig geschnittenen Gurken, Senf, Schwarzbrot oder Brezeln und Butter.

3 altbackene Semmeln (Brötchen)
1 große Zwiebel
½ Bund Petersilie
400 g Hackfleisch (Schwein und Rind gemischt)
1 Ei
Salz
1 EL edelsüßes Paprikapulver
1 TL getrockneter Majoran
Öl oder Butterschmalz zum Braten

Semmeln in einer Schüssel mit lauwarmem Wasser übergießen und quellen lassen, bis sie ganz weich sind. Abgießen und portionsweise gut ausdrücken.
Geschälte Zwiebel und gewaschene Petersilie fein hacken. Beide Zutaten mit Semmeln, Hackfleisch, Ei, einer kräftigen Prise Salz, Paprika und Majoran in eine Schüssel geben. Alles mit einer Gabel so lange vermischen, bis der Fleischteig gleichmäßig glatt ist und gut bindet. Mit angefeuchteten Händen 8 bis 12 Pflanzerl (Frikadellen) formen.
Öl oder Butterschmalz erhitzen. Fleischpflanzerl darin bei mittlerer bis schwacher Hitze etwa 5 Minuten braten, bis sie sich leicht vom Pfannenboden lösen.

Topfenknödel mit Wammerl

500 g Topfen (Magerquark)
2 Eier
1 Päckchen gemischte Tiefkühl-Kräuter
30 g Speisestärke
30 g Hartweizengrieß
Salz
schwarzer Pfeffer aus der Mühle
frisch geriebene Muskatnuß
1 Semmel (Brötchen)
1 Knoblauchzehe
1 EL Butterschmalz
100 g Wammerl (durchwachsener Räucherspeck) in dünnen Scheiben

Tip:
Räucherspeck immer nur bei schwacher Hitze langsam braten, auch wenn er dabei nicht braun wird. Denn bei starker Hitze in der Pfanne oder unter dem Grill bilden sich gesundheitsschädliche Stoffe.

Topfen mit Eiern, Kräutern, Speisestärke, Grieß, Salz, Pfeffer und Muskat zu einem Teig vermischen, der sich mit angefeuchteten Händen gut formen läßt. Zugedeckt 20 Minuten quellen lassen.
Inzwischen Semmel würfeln, Knoblauch hacken, Butterschmalz zerlassen. Semmelwürfel darin bei schwacher Hitze in etwa 5 Minuten goldbraun und knusprig rösten, dabei mehrmals wenden. Knoblauch etwa 1 Minute mitbraten.
Aus dem Teig 8 Knödel formen und jeweils mit gebratenen Semmelwürfeln füllen. Knödel in reichlich kochendes Salzwasser geben, Temperatur sofort zurückschalten und die Knödel bei schwacher Hitze etwa 20 Minuten ziehen lassen. Dabei den Deckel halb auf den Topf legen.
Während die Knödel garen, Wammerlscheiben in einer Pfanne bei schwacher Hitze ausbraten, ohne zu bräunen. Mit Sauerkraut zu den Knödeln servieren.

Man sieht es ihnen nicht an, aber die handfesten bayerischen Knödel – ob aus Kartoffel-, Semmel-, Mehl- oder Topfenteig wie in diesem Rezept – sind fast so empfindlich wie ein Soufflé: Nur frisch gekocht und sofort serviert schmecken sie wirklich gut, bleiben locker und duftig, wie es sich gehört. Deshalb lieber die Gäste auf die Knödel warten lassen als umgekehrt.

Herzhaftes ohne Fleisch

Überbackene Gemüsepfannkuchen

Für die Pfannkuchen:
200 g Mehl
Salz
½ Liter Wasser
4 Eier
1½ EL Butterschmalz

Für das Gemüse:
1 kg Lauch (Porree)
1 EL Öl
2 EL Mehl
⅛ Liter Wasser
2 EL Zitronensaft
50 g süße Sahne (Rahm)
2 EL frisch gehackte Petersilie
Salz
weißer Pfeffer
frisch geriebene Muskatnuß

Zum Überbacken:
1 EL Butter
⅛ Liter Milch

Tip:
So lassen sich Pfannkuchen leicht wenden: Zuerst zugedeckt bei mittlerer Hitze auf der Unterseite etwa 3 Minuten backen, bis der Teig an der Oberseite nicht mehr flüssig ist und die Ränder des Pfannkuchens sich nach oben biegen. Den Kuchen wenden und ohne Deckel fertig backen.

Für die Pfannkuchen Mehl mit Salz und Wasser verrühren. Eier nacheinander daruntermischen. Eine Pfanne bei starker Hitze so heiß werden lassen, daß ein Wassertropfen, den Sie hineinspritzen, zischend verdampft. 1 Teelöffel Butterschmalz darin zerlassen und die Pfanne schwenken, damit sich das Schmalz verteilt. Pro Pfannkuchen etwa ½ Schöpfkelle Teig in die Pfanne geben, verteilen und auf beiden Seiten backen (siehe Tip). Insgesamt etwa 16 Pfannkuchen backen; zwischendurch immer wieder etwas Butterschmalz in die Pfanne geben.
Lauch putzen und waschen. Stangen einmal längs halbieren und quer in etwa fingerbreite Stücke schneiden. Öl erhitzen. Lauch darin bei mittlerer Hitze unter Rühren einige Sekunden anbraten. Mehl darüberstäuben und kurz anrösten. Wasser dazugießen, aufkochen und zugedeckt etwa 5 Minuten garen.
Zitronensaft, Sahne und Petersilie untermischen. Gemüse mit Salz, Pfeffer und Muskat kräftig abschmecken. Auf den Pfannkuchen verteilen, Kuchen aufrollen und nebeneinander in eine ofenfeste Form mit niedrigem Rand legen.
Butterflöckchen auf den Pfannkuchen verteilen. Form in den kalten Backofen (mittlere Schiene) stellen. Ofen auf 200 °C (Umluft 180 °C, Gas Stufe 4) schalten. Pfannkuchen 10 Minuten backen. Milch an den Seiten zugießen und die Pfannkuchen weitere 10 bis 15 Minuten backen, bis sie oben schön gebräunt sind.
Mit Kopfsalat oder Tomatensalat als kräftiges Hauptgericht servieren.

Ein preiswertes Gericht der einfachen bayerischen Bürgerküche. Wer es nicht ganz fleischlos mag, mischt Schinkenwürfel unter die Lauchfüllung. Und wer richtig kernig essen will, nimmt Vollkornmehl anstelle von weißem Mehl.

Grünkernpflanzerl

1 Zwiebel
1 Knoblauchzehe
4 EL Öl
200 g Grünkernschrot
3/8 Liter kaltes Wasser
2 Eier
1/2 Bund Petersilie
Salz
weißer Pfeffer aus der Mühle
frisch geriebene Muskatnuß

Geschälte Zwiebel und Knoblauch fein hacken und in 1/2 Eßlöffel Öl bei schwacher Hitze glasig braten. Schrot unter Rühren einige Sekunden mitrösten. Wasser zugießen, aufkochen und Schrot zugedeckt bei schwacher Hitze 10 Minuten garen. Danach 1 Stunde quellen und dabei abkühlen lassen.
Eier, feingehackte Petersilie, Salz, je 1 kräftige Prise Pfeffer und Muskat daruntermischen.
2 Eßlöffel Öl in einer Pfanne erhitzen. Von dem Teig mit einem Eßlöffel Pflanzerl (Frikadellen) abstechen und bei mittlerer bis schwacher Hitze auf der Unterseite etwa 10 Minuten braten, bis sie sich leicht vom Pfannenboden lösen, wenden und auf der zweiten Seite weitere 6 bis 8 Minuten braten.
Auf diese Weise 12 Pflanzerl braten. Dabei das restliche Öl nach und nach in die Pfanne geben. Die gebratenen Frikadellen bei 50 °C im Backofen warm halten.
Dazu paßt grüner Salat, Tomatensalat oder Gemüse.

Getreidegerichte zählen nicht nur zu den ältesten Speisen der Menschheit, sondern sind bis heute fast weltweit tägliche Kost. Vielleicht kann man diese Pflanzerl – hochdeutsch Getreidefrikadellen – als eine schnelle und durch die Eier auch verfeinerte Variante der haltbaren Fladenbrote betrachten.
Dinkel ist mit dem Weizen verwandt, aber anspruchsloser und wurde früher deshalb sehr häufig angebaut – Ortsnamen wie Dinkelsbühl erinnern noch daran. Unreif, also noch „grün" werden die Körner von Dinkel geerntet und über Holzkohlenfeuer getrocknet, bevor man sie als „Grünkern" – ganz, gemahlen oder geschrotet – kaufen kann.

Saures Kartoffelgemüse

1 kg vorwiegend festkochende Kartoffeln
1 Zwiebel
1 EL Öl
¼–½ Liter Fleischbrühe (Instant)
1 Lorbeerblatt
1 Gewürznelke
2 Essiggurken
2 EL Essig
Salz
weißer Pfeffer aus der Mühle
2 EL süße Sahne (Rahm)
½ Bund Schnittlauch

Geschälte Kartoffeln waschen und würfeln, geschälte Zwiebel hakken. Öl erhitzen, Zwiebel darin bei mittlerer Hitze glasig braten. Kartoffeln, Brühe, Lorbeerblatt und Nelke zugeben, aufkochen und zugedeckt bei schwacher Hitze etwa 20 Minuten garen, bis die Kartoffeln weich sind.
Inzwischen Essiggurken klein würfeln. Mit Essig, Salz und einer kräftigen Prise Pfeffer unter die Kartoffeln mischen. Zum Schluß die Sahne unterrühren.
Kartoffelgemüse mit Schnittlauchröllchen bestreut anrichten.

Zugegeben: Es trägt keinen hübschen, gefälligen Namen, dieses urbayerische Gericht, das man solo mit Salat (in diesem Fall nimmt man nur ¼ Liter Brühe) oder als Beilage zum Beinfleisch (Rezept Seite 96) ißt. Vielleicht taucht es deshalb nur so selten auf den Speisekarten auf. Doch ganz sicher sollte man dem saftigen Kartoffelgemüse, fein abgeschmeckt mit Lorbeer und Nelken, Essig und Schnittlauch zur ihm gebührenden kulinarischen Renaissance verhelfen!
Für die vielen — nicht nur bayerischen – Kartoffelspeisen sollten Sie die jeweils beste Sorte nehmen: Mehlige Sorten zerfallen, ideal für Pürees, Knödel und Suppen. Vorwiegend festkochende behalten die Form, liefern aber die feine Stärke, die Saucen sämig macht. Festkochende bleiben an den Schnittflächen feucht und kleben nicht zusammen – ideal für Salate.

Kartoffelschneckerl mit Kraut

Für 6 Personen

800 g mehlig kochende Kartoffeln
1 große Zwiebel
300 g Sauerkraut
40 g Butterschmalz
1 TL edelsüßes Paprikapulver
2 EL Wasser
300 g säuerliche Äpfel (Cox Orange, Boskoop oder Glockenapfel)
1 Bund Majoran oder Petersilie
Salz
100 g Mehl
1 Ei
Mehl zum Ausrollen
100 g saure Sahne
Butter für die Form

Tip:
Kartoffeln haben als Grundnahrungsmittel erst ziemlich spät Karriere gemacht. Dabei liefern die nahrhaften Knollen eine Menge wichtiger Vitamine und Mineralstoffe – und zusammen mit Ei und/oder Milchprodukten mindestens so wertvolles Eiweiß wie ein Stück Fleisch.

Kartoffeln waschen und mit der Schale in wenig Wasser weich kochen. Abgießen, kalt abschrekken, schälen und mit dem Kartoffelstampfer oder einer Gabel ganz fein zerdrücken. Püree abkühlen lassen.
Zwiebel schälen und fein hacken. Sauerkraut abtropfen lassen und grob zerschneiden. Etwa ein Drittel des Butterschmalzes erhitzen. Zwiebel darin bei schwacher Hitze glasig braten. Sauerkraut, Paprika und Wasser zugeben. Kraut aufkochen und zugedeckt bei schwacher Hitze 20 Minuten schmoren.
Inzwischen die Äpfel vierteln, vom Kerngehäuse befreien, schälen und fein raspeln. Unter das Kraut mischen und im offenen Topf bei starker Hitze unter Rühren schmoren, bis alle Flüssigkeit verdampft ist. Majoran oder Petersilie waschen, fein zerkleinern und untermischen. Alles mit wenig Salz abschmecken und lauwarm abkühlen lassen.
Das restliche Butterschmalz zerlassen. Kartoffelpüree mit einer Prise Salz, Mehl und Ei verkneten. Falls der Teig an Ihren Händen klebt, teelöffelweise Mehl daruntermischen. Ein Küchentuch mit Mehl bestäuben. Teig in 4 Stücke teilen. Jedes Stück auf dem Tuch messerrückendick zu einem Rechteck von etwa 10 mal 20 cm ausrollen. Mit etwas Butterschmalz und saurer Sahne bestreichen und mit der Krautmischung belegen. Die Stücke mit Hilfe des Tuchs aufrollen und mit einem scharfen Messer in etwa 5 cm dicke Scheiben schneiden. Scheiben mit der Füllung nach oben in eine gefettete, ofenfeste Form mit niedrigem Rand setzen. Den Rest von Butterschmalz und Sahne darüberträufeln. Form in den kalten Backofen (mittlere Schiene) stellen. Ofen auf 200 °C (Umluft 180 °C, Gas Stufe 4) schalten. Die Schneckerl etwa 45 Minuten backen, bis sie oben schön gebräunt sind.
Am besten heiß und ganz frisch aus dem Ofen servieren.

Original füllt man die Schneckerl mit Zwiebeln und „Grammeln", also Grieben aus Schweinespeck. Das ist natürlich eine deftige Angelegenheit und liefert soviel Energie, wie sie anno dazumal ein Holzfäller brauchte. Da wir heute nicht mehr wie Schwerstarbeiter essen müssen, schlage ich Ihnen eine kalorienärmere Version der Schneckerl vor.

Geröstete Knödel mit Ei

Blühender Schnittlauch sieht zwar schön aus, doch zum Essen ist er dann nicht mehr so gut geeignet wie junger vor der Blüte.

Für 2 Personen

4 kalte Knödel vom Vortag (Rezepte Seite 144, 150 und 154)
2 EL Öl, 2 Eier
3 EL Milch, Salz
schwarzer Pfeffer aus der Mühle, frisch geriebene Muskatnuß,
1 großes Bund Schnittlauch

Knödel in knapp fingerdicke Scheiben schneiden. Öl erhitzen, Knödel darin bei schwacher bis mittlerer Hitze auf beiden Seiten rösten, bis sie eine Kruste haben; das dauert etwa 15 Minuten.
Eier mit Milch, Salz, Pfeffer und Muskat verquirlen und über die Knödel gießen. Zugedeckt bei schwacher Hitze etwa 2 Minuten braten, bis die Eier gestockt sind. Mit dem Pfannenwender in Stükke teilen und wenden, noch etwa 1 Minute rösten und mit Schnittlauchröllchen bestreut auf heißen Tellern anrichten.
Dazu paßt Gurken- oder Tomatensalat.

Resteverwertung auf die bayerische Art: einfach, schnell und trotzdem höchst delikat. Natürlich müssen die Knödel nicht unbedingt selbstgemacht sein, Kartoffelknödel aus fertigem Teig oder Pulver, Semmelknödel aus dem Kochbeutel tun es auch. Nur kalt müssen die Knödel sein, damit sie sich gut aufschneiden und braten lassen. Wer es noch üppiger mag, gibt zu den Knödeln ein paar Speck- und Zwiebelwürfelchen.
Und noch ein Tip zum Schnittlauch: Er entfaltet sein Aroma am besten, wenn Sie ihn mit einem scharfen Messer in feine Röllchen schneiden.

ROBBE & BERKING

KRAUTFLECKERL

150 g Mehl
Salz
1 Ei
3 Eigelb
1 EL Öl
1 Kopf Weißkohl (etwa 1 kg)
1 große Zwiebel
2 Knoblauchzehen
1 Bund Petersilie
Mehl zum Ausrollen
20 g Butter
⅛ Liter Gemüsebrühe (Instant)
½ EL Kümmel
schwarzer Pfeffer aus der Mühle

Mehl, eine kräftige Prise Salz, Ei, Eigelb und Öl mit den Knethaken des Handrührgerätes vermischen. Teig auf der Arbeitsfläche mit den Händen kräftig durchkneten, bis er glatt und formbar ist, also weder bröckelt noch an den Händen klebt. Zugedeckt bei Zimmertemperatur ruhen lassen, bis das Kraut vorbereitet ist.
Weißkohl putzen, vierteln, vom Strunk befreien, waschen und in etwa 2 cm breite Streifen schneiden. Zwiebel und Knoblauch hakken. Petersilie fein zerkleinern. Teig portionsweise auf Mehl etwa messerrückendick ausrollen und in Quadrate von etwa 2 cm schneiden. Diese „Fleckerl" trocknen lassen, bis das Kraut gegart ist. Butter erhitzen, Zwiebel und Knoblauch darin bei schwacher Hitze glasig braten. Kohlstreifen, die Hälfte der Petersilie, Brühe, Kümmel und reichlich Pfeffer zufügen und aufkochen. Kohl zugedeckt bei mittlerer Hitze in etwa 5 Minuten bißfest garen, dabei mehrmals umrühren.
Reichlich Salzwasser zum Kochen bringen. Fleckerl in das sprudelnd kochende Wasser geben, aufkochen und unter häufigem Umrühren in etwa 1 Minute bißfest garen. Abgießen und abgetropft mit dem Kraut mischen. Mit Salz und Pfeffer abschmecken und mit der restlichen Petersilie bestreut sofort servieren.

Krautfleckerl sind aus der österreichischen Küche nach Bayern gelangt. Und in der ehemaligen k. u. k.-Monarchie wußten auch die weniger Betuchten sehr gut, wie man genußvoll speist. Die Bayern haben das schnell gelernt und sich an weiteren österreichischen „Importen" erfreut – als da sind Beuscherl (Lungenragout), Strudel oder Nockerl.
„Kraut" ist indes nur Weißkohl, nicht etwa Rotkohl oder Wirsing. Und das mögen Bayern immer, auch ganz vegetarisch wie hier.

Krautwickerl

Für 6 Personen

500 g mehlig kochende Kartoffeln
200 ml Wasser
2 Zwiebeln (etwa 200 g)
1 Knoblauchzehe
1 EL Butterschmalz
200 g gelbe Rüben (Möhren)
3 Blätter Liebstöckel
Salz, schwarzer Pfeffer aus der Mühle, Cayennepfeffer, Muskatnuß
1 Kopf Weißkohl (etwa 1 kg), 2 EL Öl
⅛ Liter Fleisch- oder Gemüsebrühe (Instant)
100 g süße Sahne
1 Bund Petersilie

Tip:
Liebstöckel wuchs früher in jedem Bauerngarten – als Kräutlein für Deftiges mit Fleisch, Kartoffeln und Hülsenfrüchten und als Nahrung für allerlei Insekten.
Wer Liebstöckel anbauen will: Jungpflänzchen, beim Gärtner zu bekommen, sind einfacher zu ziehen als Samen. Geben Sie Liebstöckel einen sonnigen oder halbschattigen Platz, lassen Sie ihm genügend Raum und schneiden Sie die Stengel immer wieder zurück.

Für die Füllung die Kartoffeln schälen, waschen und würfeln. Mit dem Wasser in etwa 15 Minuten weich garen. In der Garflüssigkeit mit dem Kartoffelstampfer fein zerdrücken.
Zwiebeln und Knoblauch hacken und im Butterschmalz bei schwacher Hitze glasig braten. Gelbe Rüben schälen und fein raspeln. Kartoffelpüree mit Rüben, Zwiebeln, Knoblauch, dem Schmalz aus der Pfanne und dem gehackten Liebstöckel vermischen. Füllung mit Salz, Pfeffer, Cayennepfeffer und Muskat würzen.
Kohl putzen, in reichlich sprudelnd kochendem Wasser 5 bis 6 Minuten kochen lassen, bis sich die Blätter leicht ablösen lassen. Herausnehmen und etwas abkühlen lassen. Blätter oben am Strunk mit einem kleinen Messer abschneiden. 12 Blätter vorsichtig ablösen und die dicken Rippen flachschneiden. Die 6 größeren Blätter nebeneinander auf der Arbeitsfläche ausbreiten und die 6 kleineren darauflegen. Füllung darauf verteilen. Blätter an den Seiten über der Füllung nach innen falten, wie Rouladen aufrollen und mit Küchengarn umwickeln.
Öl erhitzen. Krautwickerl darin bei mittlerer Hitze rundherum anbraten. Brühe zugießen, aufkochen und die Krautwickerl zugedeckt bei schwacher Hitze 10 Minuten schmoren.
Den Rest des Kohls achteln und in Streifen schneiden. Mit der Sahne rundherum an den Seiten der Krautwickerl verteilen, mit Salz würzen, erneut aufkochen und zugedeckt bei schwacher Hitze weitere 10 Minuten garen. Krautwickerl und Gemüse auf heißen Tellern verteilen und mit gehackter Petersilie bestreuen.

Ein Rezept aus Zeiten, in denen Fleisch nicht jeden Tag auf den Tisch kam. Meine Großmutter soll diese Krautwickerl oft gekocht haben, als sie nach dem Ersten Weltkrieg ihre achtköpfige Familie satt kriegen mußte.

Oberpfälzer Nudeln mit Spinat

Für 5 Personen

Für die Nudeln:
150 g Weizenmehl
150 g Roggenvollkornmehl
Salz
etwa 150 ml heißes Wasser
20 g Butter
Mehl zum Ausrollen
½ Liter Milch
2 Eier
frisch geriebene Muskatnuß
Cayennepfeffer

Für den Spinat:
1 kg Spinat
1 Zwiebel
1 Knoblauchzehe
2 EL Olivenöl
2 EL Zitronensaft
100 g Crème fraîche
Salz
schwarzer Pfeffer aus der Mühle
1 großes Bund Petersilie

Tip:
Dünn ausgerollt und gleichmäßig geschnitten schmecken die Nudeln am besten.

Beide Mehlsorten mit Salz mischen, Wasser langsam zugießen und zu einem festen Nudelteig verkneten. Teig in Folie gewickelt bei Zimmertemperatur 30 Minuten ruhen lassen, dann in vier Portionen teilen. Jede Portion auf Mehl etwa ½ cm dick ausrollen. Teigplatte längs in etwa 4 cm breite Streifen schneiden. Streifen wiederum quer in etwa 1 cm breite Nudeln schneiden und 15 Minuten trocknen lassen.
Inzwischen Butter in eine ofenfeste Form mit niedrigem Rand geben und die Form in den kalten Backofen (mittlere Schiene) stellen. Ofen auf 180 °C (Umluft 160 °C, Gas Stufe 3) schalten und die Butter schmelzen. Nudeln in der heißen Butter wenden. Milch mit Salz, Eiern, Muskatnuß und Cayennepfeffer verquirlen und darübergießen. Form wieder in den Backofen stellen. Nudeln etwa 30 Minuten garen, bis die Milch aufgesogen ist.
Inzwischen Spinat verlesen, waschen und trockenschwenken. Zwiebel und Knoblauch schälen und hacken. Öl in einem großen Topf erhitzen. Zwiebel darin bei schwacher Hitze glasig braten. Knoblauch, Spinat und Zitronensaft zugeben, Topf schließen und den Spinat bei starker Hitze etwa 3 Minuten dämpfen. Dabei den Topf einige Male kräftig rütteln, damit der Spinat gleichmäßig gart. Crème fraîche, Salz und reichlich Pfeffer zugeben und unter Rühren einmal aufkochen.
Nudeln auf heißen Tellern verteilen und mit der gehackten Petersilie bestreuen. Spinat daneben anrichten.

Die Nudeln, wegen der gedrungenen Form auch „G'stutzde" genannt, finden Sie im Originalrezept, den Spinat habe ich „modernisiert": Nicht mit Mehl, Butter und Milch ist er zubereitet, sondern mit Olivenöl, einem Hauch Knoblauch, Zitronensaft und ein bißchen Crème fraîche. Italienisch statt bayerisch? Ja, ganz ehrlich: Die Italiener haben schon immer gesünder gekocht als die Bayern. Außerdem bestehen zwischen Bayern und Italien vielfältige Bindungen, durch die Liebe bayerischer Künstler zum Süden – die Brüder Asam zum Beispiel verbrachten ihre Studienjahre in Rom –, durch friedliche Ehebündnisse bayerischer Herrscher mit italienischen Prinzessinnen. Deshalb ergänzen sich die deftigen bayerischen Nudeln vorzüglich mit dem leichten italienischen Spinat.

Schwammerl mit Semmelknödeln

Für die Knödel:
10 altbackene Semmeln (Brötchen) vom Vortag (etwa 350 g)
Salz, 3/8 Liter Milch
1 Bund Petersilie
1 Zwiebel, 3 Eier

Für die Pilze:
1 kg Austern- und Shiitake-Pilze
1 kleine Zwiebel
1 EL Butter, 1 EL Mehl
250 g süße Sahne
Salz, weißer Pfeffer aus der Mühle
1 EL Zitronensaft
½ Bund Petersilie

Tip:
Knödelteig muß weich sein, aber gut binden. So werden Knödel locker und halten zusammen. Leider lassen sich die Zutaten nicht so exakt angeben, daß die Knödel immer gelingen: Sehr trockene Brötchen brauchen mehr Milch. Mit besonders großen Eiern oder reichlich Petersilie dagegen wird der Teig ohnehin feuchter. Deshalb am besten vorab einen Probekloß garen: Wenn er zerfällt, ist der Teig zu weich. Dann noch etwa 40 g Semmelbrösel oder Paniermehl unter den Teig mischen.

Semmeln in sehr dünne Scheiben schneiden, in eine Schüssel geben und mit 2 Teelöffeln Salz bestreuen. Kochendheiße Milch darübergießen. Zugedeckt etwa 20 Minuten ziehen lassen, bis die Milch aufgesogen ist.
Petersilie und Zwiebel sehr fein hacken. Mit den Eiern zu den Semmeln geben und alles mit den Händen zu einem Teig verarbeiten. In einem großen Topf reichlich Salzwasser zum Kochen bringen. Aus dem Teig 8 Knödel formen, ins sprudelnd kochende Wasser geben und zugedeckt bei starker Hitze zum Kochen bringen. Temperatur zurückschalten, Knödel zugedeckt bei schwacher bis mittlerer Hitze in etwa 20 Minuten gar ziehen lassen.
Alle Pilzhüte in schmale Streifen schneiden, Strünke der Austernpilze in dünne Scheibchen schneiden. Stiele der Shiitake wegwerfen. Zwiebel fein hacken. Butter erhitzen, Zwiebel darin bei schwacher Hitze glasig braten. Pilze bei starker Hitze unter ständigem Rühren etwa 2 Minuten braten. Mehl unterrühren, Pilze zugedeckt bei schwacher Hitze 5 Minuten garen.
Sahne untermischen und aufkochen. Mit Salz, Pfeffer und Zitronensaft abschmecken und auf vorgewärmten, tiefen Tellern verteilen.
Jeweils 2 gut abgetropfte Klöße zu den Pilzen geben und alles mit gehackter Petersilie bestreut servieren.

Früher hat man für dieses Gericht Pilze (Schwammerl) aus dem Wald genommen. Doch die sind in unseren Wäldern sehr rar geworden. Und falls Sie welche finden: lieber stehen lassen. Denn Pilze gehören inzwischen zu den seltenen Gewächsen, die man aus Gründen des Umweltschutzes nicht sammeln sollte. Zumal es ja feine Alternativen gibt: Austernpilze und Champignons, japanische Shiitake-Pilze und Braunkappen schmecken so aromatisch wie die „Wilden". Und sie haben auch andere Vorteile: Pilze aus Farmen sind nahezu unbelastet von Schadstoffen und frei von Strahlen. Austern- und Shiitake-Pilze sind dazu noch äußerst pflegeleicht. Weil sie auf Holzstämmen und Strohballen wachsen, braucht man sie weder zu putzen noch zu waschen.

Überbackene Spätzle

Praktisch zum Spätzlekochen: Teig-„Hobel“ oder -Presse gibt es in gut sortierten Haushaltwarengeschäften.

500 g Mehl, Salz
4 Eier
etwa ¼ Liter Wasser
1 Zwiebel
500 g Wirsing
1 EL Öl, 2 EL Wasser
1 EL getrockneter Majoran
100 g Crème fraîche
weißer Pfeffer aus der Mühle
150 g geriebener mittelalter Gouda-Käse
20 g Butter

Mehl mit Salz, Eiern und so viel Wasser verrühren, daß ein zähflüssiger Teig entsteht. Zugedeckt 30 Minuten ruhen lassen.
Inzwischen Zwiebel schälen und hacken, Wirsing putzen und hobeln. Öl erhitzen, Zwiebel darin bei schwacher Hitze glasig braten. Wirsing und Wasser zugeben, aufkochen und zugedeckt bei schwacher Hitze garen, bis die Spätzle fertig sind.
Für die Spätzle reichlich Wasser mit Salz zum Kochen bringen. Teig vom Holzbrett schaben oder durch den Spätzlehobel drücken: Den Teig portionsweise einfüllen und rasch ins sprudelnd kochende Wasser streichen. Spätzle garen, bis sie an die Oberfläche steigen, jeweils mit einem Schaumlöffel herausnehmen, abtropfen lassen und in eine Schüssel geben.
Gegarte Spätzle mit Wirsing, Majoran, Crème fraîche und reichlich Pfeffer locker vermischen und in eine ofenfeste Form mit niedrigem Rand geben. Käse darüberstreuen, Butterflöckchen darauf verteilen. Form in den kalten Backofen (untere Schiene) stellen. Ofen auf 200 °C (Umluft 180 °C, Gas Stufe 4) schalten. Spätzle etwa 30 Minuten backen, bis der Käse leicht gebräunt ist.

Von den Schwaben haben die Bayern die Kunst das Spätzlekochens gelernt. Und diese Profis machen es so: Ein nasses Holzbrett etwa zu einem Viertel dünn mit Spätzleteig bestreichen. Das Brett mit der bestrichenen Seite über den Kochtopf halten. Für jedes Spätzle einen dünnen Streifen Teig mit einem Messer abschneiden und dabei mit einer raschen Bewegung so vom Brett schaben, daß er in das sprudelnd kochende Wasser fällt.

Beilagen

Bauernknödel

175 g Mischbrot
30 g Butterschmalz
275 g Mehl
Salz
75 ml Milch
4 Eier

Brotscheiben würfeln und bei schwacher Hitze im heißen Butterschmalz in etwa 15 Minuten goldbraun und knusprig braten. Aus der Pfanne auf einen Teller geben und erkalten lassen. Mehl, Salz, Milch und Eier zu einem glatten Teig verrühren. Zugedeckt bei Zimmertemperatur 30 Minuten stehen lassen.
Reichlich Salzwasser zum Kochen bringen. Brotwürfel mit einem Kochlöffel unter den Teig mischen. Mit einem Eßlöffel Knödel vom Teig abstechen, ins kochende Wasser geben und einmal aufkochen. Deckel halb auf den Topf legen und die Klöße bei schwacher Hitze knapp unter dem Siedepunkt in etwa 15 Minuten gar ziehen lassen.

Sie passen zu Bifflamott (Rezept Seite 98), Rahmgulasch (Rezept Seite 108) und Wildragout, zu Gemüse und – anstelle der Semmelknödel – zu Schwammerln (Rezept Seite 144).

Einfache bäuerliche Speisen werden wieder entdeckt und sind bei Ernährungsbewußten und Feinschmeckern gleichermaßen geschätzt. Denn sie entsprechen dem Trend zu fleischarmer Küche.
Bauernknödel sind die einfache bayerische Version des edlen Serviettenkloßes für alles, was mit viel Sauce auf den Teller kommt. Das muß übrigens nicht unbedingt Fleisch sein. Ich habe meine Gäste mal mit bayerischen Bauernknödeln, italienischer Tomatensauce und provenzalischem Linsengemüse bewirtet. Und viel Beifall dafür bekommen.

Bayerische Gemüse

SAUBOHNEN IN RAHMSAUCE
1 kleine Zwiebel
1 EL Öl
2 Pakete Dicke Bohnen zu je 300 g (Tiefkühlware)
1 TL Mehl
4 EL Wasser, Salz
150 g süße Sahne
Cayennepfeffer
1 Bund Schnittlauch

Wichtig:
Hülsenfrüchte nicht roh essen! Denn viele Bohnen- und Erbsensorten enthalten Giftstoffe oder Allergieauslöser, die erst durch mindestens 5 Minuten Kochen unschädlich werden.

LAUCH MIT SEMMELBRÖSEL
1 kg Lauch (Porree)
2 EL Wasser, Salz
1 EL Zitronensaft
50 g Butter
50 g Semmelbrösel
weißer Pfeffer aus der Mühle
2 EL frisch gehackte Petersilie

SAUBOHNEN IN RAHMSAUCE
Zwiebel schälen, hacken und im Öl bei schwacher Hitze glasig braten. Gefrorene Bohnen zugeben, mit Mehl bestäuben und einige Male umrühren. Wasser und Salz zugeben, aufkochen und die Bohnen zugedeckt bei schwacher Hitze 15 Minuten garen.
Sahne untermischen, Bohnen mit Cayennepfeffer würzen und erneut aufkochen. Schnittlauch waschen, in feine Röllchen schneiden und über die angerichteten Bohnen streuen.

LAUCH MIT SEMMELBRÖSEL
Lauch putzen, waschen, trockenschwenken und quer in etwa 3 cm lange Stücke schneiden. Mit Wasser, Salz und Zitronensaft aufkochen und zugedeckt bei schwacher Hitze 3 Minuten garen. Butter erhitzen, Semmelbrösel darin bei mittlerer Hitze unter Rühren hellbraun rösten.
Lauch mit der Garflüssigkeit auf einer vorgewärmten Platte anrichten und mit reichlich Pfeffer bestreuen. Semmelbrösel mit Butter darüber verteilen, Petersilie darüberstreuen.

Vor Einführung der Kartoffel waren Dicke Bohnen in Bayern ein sehr wichtiges Lebensmittel, übrigens auch Zutat zum Brotbacken. Doch heute bekommt man sie hier kaum zu kaufen – weder frisch noch tiefgefroren. Nomen est omen – „Saubohnen", wie die eiweißreichen Hülsenfrüchte heißen, gelten noch immer als Viehfutter und stehen, weil jahrhundertelang Nahrung für die arme Bevölkerung, im Ruch des deftig-reizlosen Magenfüllers. Unser Rezept wird Sie vom Gegenteil überzeugen. Porree, in Süddeutschland Lauch genannt, gehört zu den Gemüsen, die Mönche aus den wilden Stammpflanzen veredelt haben.

Kartoffelknödel

2,4 kg mehlig kochende Kartoffeln
2 EL Zitronensaft
etwa ¼ Liter Milch
3 TL Salz
eventuell etwas Kartoffelmehl (Fertigprodukt)
1 Semmel (Brötchen)
30 g Butter

Tip:
Damit die Knödel gelingen, brauchen Sie mehlige Kartoffeln und sollten sich genau an Mengen und Beschreibung halten. Für alle, die den Genuß schätzen, die Mühe aber scheuen: Inzwischen gibt es in den Kühltheken vieler Supermärkte fertigen Kloßteig, der (fast) so gut schmeckt wie selbstgemachte Knödel.

Kartoffeln schälen und waschen. 500 g davon als Salzkartoffeln kochen, den Rest fein reiben und mit dem Zitronensaft vermischen. Geriebene Kartoffeln portionsweise in ein Küchentuch geben, über einer Schüssel so fest wie möglich ausdrücken und in eine andere Schüssel geben. Die aufgefangene Flüssigkeit stehen lassen, bis sich die Kartoffelstärke abgesetzt hat. Die Flüssigkeit nun vorsichtig so abgießen, daß nur noch die weiße Kartoffelstärke am Boden der Schüssel zurückbleibt.
Salzkartoffeln ebenfalls abgießen und heiß durch die Kartoffelpresse drücken. Mit den geriebenen rohen Kartoffeln, der kochendheißen Milch, der abgesetzten Kartoffelstärke aus der Schüssel und Salz zu einem festen Teig vermischen, der beim Formen mit der Hand nicht kleben soll.
Reichlich Salzwasser zum Kochen bringen. Mit kalt abgespülten Händen einen etwa walnußgroßen Probeknödel formen und einmal aufkochen lassen. Im offenen Topf bei schwacher Hitze etwa 10 Minuten garen. Wenn er seine Form behält, ist der Teig richtig. Andernfalls noch etwas Kartoffelmehl unter den Teig mischen.
Während der Probekloß gart, Semmel würfeln und in der Butter bei schwacher Hitze unter häufigem Wenden goldgelb und knusprig braten.
Kartoffelteig zu Knödeln formen, dabei jeweils in die Mitte einige Semmelwürfel geben. Salzwasser erneut aufkochen. Die Knödel zufügen, einmal aufkochen und im offenen Topf bei schwacher Hitze 25 Minuten gar ziehen lassen.
Mit einem Schaumlöffel herausnehmen, gut abtropfen lassen und in einer heißen Schüssel anrichten.

Sie sind ebenso bekannt wie Schweinsbraten und die typische Begleitung dazu. Diese urbayerische Kombination können Sie in jedem Wirtshaus genießen. – Wie einst auch Ludwig Thoma, der berühmte Schriftsteller und bissige Satiriker, wenn er mit seinen Spezln am Stammtisch saß. Was er übrigens oft und gerne tat.

Meerrettichgemüse

2 altbackene Semmeln (Brötchen)
1/8 Liter Milch
1 große Stange Meerrettich (etwa 250 g)
2 EL Zitronensaft
1 säuerlicher Apfel (Cox Orange oder Boskoop)
30 g Butter
1 EL Mehl
1/4 Liter Fleisch- oder Gemüsebrühe (Instant)
50 g süße Sahne
Salz
1/4 TL Zucker
1 EL gehackte Petersilie

Semmeln würfeln und mit der kochendheißen Milch übergießen. Ziehen lassen, bis die anderen Zutaten vorbereitet sind.
Meerrettichstange schälen, waschen und – am besten im Zusatzteil der elektrischen Küchenmaschine – fein reiben. Mit dem Zitronensaft vermischen.
Apfel vierteln, schälen, vom Kerngehäuse befreien und ebenfalls fein reiben. Unter den Meerrettich mischen.
Semmeln mit zwei Gabeln fein zerpflücken. Butter in einem hohen Topf erhitzen. Mehl und Semmeln zugeben und bei mittlerer Hitze unter Rühren etwa 3 Minuten schmoren. Brühe unter Rühren langsam zugießen und aufkochen. Zugedeckt bei schwacher Hitze 5 Minuten kochen lassen. Meerrettichmischung und Sahne unterrühren. Mit Salz und Zucker abschmecken und mit der Petersilie bestreut servieren.
Paßt gut zu Beinfleisch (Rezept Seite 96), gebackenen Kartoffeln oder Pellkartoffeln.

Falls Sie Meerrettich bisher nur als Hauch auf dem Räucherlachs kannten, wird Ihnen der bayerische Griff „in die Vollen" erst mal eine Tränenflut entlocken. Denn hier begnügt man sich nicht mit dem Löffelchen aus dem Glas, sondern reibt frisch – wenn's sein muß, auch die ganze Wurzel.
Wegen der leichten Sandböden ist seit Jahrhunderten das Gebiet um Nürnberg Meerrettichland.

Schupfnudeln

800 g mehlig kochende Kartoffeln
100 g Mehl
1 kleines Ei
Salz
frisch geriebene Muskatnuß
weißer Pfeffer
Mehl zum Formen
Öl oder Butterschmalz zum Braten

Tip:
Gekochte Kartoffeln immer mit dem Stampfer zerkleinern oder durch die Presse drücken. Im Mixer oder Blitzhacker püriert, werden sie schleimig und der Teig zäh.

Kartoffeln in wenig Wasser mit der Schale sehr weich kochen, abgießen, kalt abschrecken, schälen und fein zerdrücken. Lauwarm abgekühltes Püree mit Mehl, Ei, Salz, Muskatnuß und Pfeffer zu einem geschmeidigen Teig verkneten. Falls der Teig an den Fingern klebt, teelöffelweise Mehl darunterkneten, bis er sich gut formen läßt. Jeweils walnußgroße Teigportionen zwischen den Handflächen zu fingerdicken „Würstchen" (Schupfnudeln) rollen. Dazu die Hände immer wieder mit Mehl bestäuben. Schupfnudeln in reichlich kochendem Salzwasser bei mittlerer Hitze etwa 3 Minuten garen. Mit einem Schaumlöffel herausnehmen, kurz in kaltes Wasser tauchen und abtropfen lassen. Nebeneinander auf einer Platte 3 Stunden trocknen lassen.
Zum Servieren die Schupfnudeln in heißem Öl oder Butterschmalz bei mittlerer bis schwacher Hitze in etwa 10 Minuten rundherum braun braten.
Beilage zu: Rehgulasch oder geschmortem Kaninchenbraten, Rahmgulasch oder Bifflamott (alle Rezepte in diesem Buch). Oder Sie servieren die Schupfnudeln mit Salat, Sauerkraut oder anderem Gemüse als Hauptgericht.

Sie heißen auch „Fingernudeln" und sind die schlichteren Verwandten der klassisch-edlen Kartoffelkroketten. Dabei genauso gut und viel „schlanker", denn sie werden nicht fritiert, sondern in wenig Fett gebraten. Die gekochten, abgekühlten Nudeln können Sie zwei Tage im Kühlschrank aufbewahren. Den rohen Teig dagegen nicht stehen lassen, sondern gleich verarbeiten. Sonst wird er zu feucht zum Formen.

Süsses und Gebäck

Apfelauflauf

500 g säuerliche Äpfel (Cox Orange, Glockenapfel, Boskoop oder Ingrid Marie)
75 g Zucker
1 TL Zimtpulver
2 Eier
60 g weiche Butter
1 TL Vanillezucker
1 EL Zitronenschale
100 g Mehl
1 Messerspitze Backpulver
⅛ Liter Milch

Äpfel halbieren, schälen, vom Kerngehäuse befreien und mit der Höhlung nach unten in eine flache ofenfeste Form mit niedrigem Rand legen. Etwa ein Drittel des Zuckers mit dem Zimt vermischen und darüberstreuen. Die Form in den kalten Backofen (untere Schiene) stellen. Ofen auf 200 °C (Umluft 180 °C, Gas Stufe 4) schalten. Äpfel 15 Minuten vorbacken.
Inzwischen die Eier trennen. Restlichen Zucker mit der Butter schaumig rühren. Vanillezucker, Zitronenschale und nach und nach die Eigelb unterrühren. Zuerst Mehl mit Backpulver vermischt, dann Milch und zum Schluß das steifgeschlagene Eiweiß untermischen. Teig über den Äpfeln glattstreichen. Temperatur auf 180 °C (Umluft 160 °C, Gas Stufe 3) schalten. Auflauf weitere 25 bis 30 Minuten backen, bis er an der Oberfläche schön gebräunt ist.

Durch Christi Leiden und Sterben durften die Menschen ins Paradies zurückkehren. Äpfel am Weihnachtsbaum sind das schöne Symbol dafür. Profaner und das ganze Jahr von praktischem Nutzen ist dieses Rezept, wieder ein Schmankerl aus unserem handgeschriebenen Familienkochbuch. Der Auflauf gelingt auch Kochneulingen ganz leicht. Und er schmeckt immer: ob warm und frisch aus dem Ofen, mit einer Suppe vorweg, als sättigendes süßes Hauptgericht, lauwarm mit Vanillesauce als edles Dessert oder kalt mit Schlagsahne zu Kaffee oder Tee.

Bayerische Dampfnudeln mit Vanillesauce

Für 6 Personen

Für den Teig:
500 g Mehl
1 Päckchen Trockenhefe
1 TL Zucker
300 ml Milch
25 g Butter
1 zimmerwarmes Ei
Schale von ½ Zitrone
1 Prise Salz
Mehl zum Formen

Zum Garen:
50 g Butter
1 EL Zucker
¼ Liter Milch

Vanillesauce:
½ Liter Milch
1 EL Zucker
½ Vanilleschote
½ EL Speisestärke
abgeriebene Schale
von ¼ Zitrone

Tip:
Außer ganzen Schoten können Sie auch gemahlene Vanille und Vanillezucker kaufen. Anders als künstlich aromatisierter Vanillinzucker ist echter Vanillezucker mit dem Mark gemahlener Schoten gewürzt – das erkennen Sie an den schwarzen Pünktchen.

Für den Teig Mehl mit Hefe und Zucker vermischen. Milch lauwarm erhitzen, Butter darin zerlaufen lassen. Diese Mischung, Ei, Zitronenschale und Salz hinzufügen. Alles mit den Knethaken des Handrührgerätes 5 Minuten durchrühren. Teig zugedeckt bei Zimmertemperatur etwa 1 Stunde gehen lassen, bis sich sein Volumen verdoppelt hat. Mit bemehlten Händen 8 Kugeln formen, auf die bemehlte Arbeitsfläche legen und zugedeckt weitere 30 Minuten gehen lassen.
Zum Garen Butter und Zucker in einen Topf geben, der sich fest verschließen läßt. Butter zerlassen, aber nicht bräunen. Milch zugießen. Teigkugeln nebeneinander in die Milch legen. Topf schließen, Milch bei mittlerer bis starker Hitze langsam zum Sieden bringen. Die Temperatur zurückschalten. Dampfnudeln bei schwacher Hitze 30 Minuten garen. Dabei den Topf nicht öffnen, sondern nur ab und zu mal horchen: Wenn es während der gesamten Garzeit leise im Topf knistert, ist die Temperatur richtig.
Für die Sauce etwa drei Viertel der Milch mit Zucker und dem ausgekratzten Mark der Vanilleschote aufkochen. Speisestärke mit der restlichen Milch glattrühren und in die kochende Milch mischen. Unter weiterem Rühren aufkochen, bis die Sauce dickflüssig wird. Sauce mit Zitronenschale würzen und lauwarm abkühlen lassen.
Dampfnudeln mit einer Backschaufel vom Topfboden lösen und so auf Tellern anrichten, daß die Karamelschicht, die sich im Topf gebildet hat, nach oben zeigt. Vanillesauce dazu servieren.

Sicher eine der berühmtesten bayerischen Mehlspeisen. Der Name kommt daher, daß die Teigstücke in Flüssigkeit – also im aufsteigenden Dampf – auf dem Herd garen. Im Gegensatz zu „Rohrnudeln“, die bei trockener Hitze ins „Rohr“ kommen, wie man den Backofen auf bayerisch nennt.

Heidelbeerauflauf

250 g Heidelbeeren (Blaubeeren)
50 g Butterschmalz
¼ Liter Milch
3 Eier
1 Prise Salz
1 TL Vanillezucker
1 TL Zitronenschale
175 g Mehl
½ Päckchen Trockenhefe
125 g süße Sahne
2 EL brauner Zucker
1 TL Zimtpulver

Tip:
Heidelbeeren ganz frisch verbrauchen oder einfrieren. Sonst bekommen sie Druckstellen, schmecken bitter und werden matschig.

Heidelbeeren verlesen, in einer Schüssel mit kaltem Wasser kurz waschen und sehr gut abtropfen lassen.
Backofen auf 180 °C (Umluft 160 °C, Gas Stufe 3) vorheizen.
Butterschmalz in einer ofenfesten Form mit niedrigem Rand im Backofen (mittlere Schiene) zerlaufen lassen.
Inzwischen Milch, Eier, Salz, Vanillezucker und Zitronenschale verrühren. Mehl mit Hefe vermischt nach und nach unterrühren. Den Teig etwa 5 Minuten mit den Knethaken des Handrührgerätes rühren, bis er Blasen wirft.
Teig in die Form gießen. Heidelbeeren darauf verteilen. Form wieder in den Backofen stellen.
Heidelbeerauflauf 10 Minuten backen.
Sahne mit Zucker und Zimt vermischen und darübergießen. Auflauf weitere 10 Minuten backen, bis er an der Oberfläche leicht gebräunt ist.

Die niederbayerische Bäuerin, die mir diesen Auflauf kredenzt hat, nennt ihn „Hoibawacka". Die Bedeutung des Wortes hat sie mir nicht verraten, wohl aber das Rezept. Und ich meine: Das reicht. Denn der Auflauf schmeckt so wunderbar, daß man darüber Dialektforschung ganz vergißt.

Aufgezogene Nudeln mit Mohn und Nüssen

Bayerische Mehlspeisen sind berühmt, gehaltvoll und brauchen meist auch ziemlich viel Zeit. Besonders, wenn ursprünglich Bodenständiges wie Strudel oder Dampfnudeln von den Köchinnen der Patrizier im Laufe der Zeit zu höchster Perfektion gesteigert wurde. Daß es auch einfacher und trotzdem sehr delikat geht, beweisen die Nudeln mit Mohn und Nüssen.
Mohnsamen für Süßspeisen und Gebäck stammen übrigens nicht vom leuchtendroten Klatschmohn, wie unser Bild ihn zeigt. Sondern vom Schlafmohn, der in Süddeutschland schon lange vor Christi Geburt angebaut wurde. Auch damals waren nur die ölhaltigen, reifen Samen begehrt, die man auch heute noch über Gebäck streut und für Süßspeisen verwendet. Daß man aus dem Milchsaft der unreifen Samenkapseln Opium gewinnen kann, entdeckten die Menschen im östlichen Mittelmeerraum erst einige tausend Jahre später.

100 g Haselnußkerne
1 Liter Milch
50 g gemahlener Mohn
1 Prise Salz
25 g Butter
30 g Zucker
abgeriebene Schale von ¼ Zitrone
250 g dünne Suppennudeln
1 EL brauner Zucker
1 TL Zimtpulver

Nüsse grob hacken. Mit Milch, Mohn, Salz, Butter, Zucker und Zitronenschale in einem Topf aufkochen. Nudeln zugeben und unter Rühren erneut aufkochen. Alles in eine ofenfeste Form mit hohem Rand füllen. Form mit einem Deckel oder mit Alufolie verschließen und in den kalten Backofen (mittlere Schiene) stellen. Ofen auf 180 °C (Umluft 160 °C, Gas Stufe 3) schalten. Nudeln zuerst 25 Minuten zugedeckt, dann etwa 20 Minuten in der offenen Form backen, bis sie weich sind und die Flüssigkeit fast aufgesogen haben. Bei Bedarf noch etwas Milch nachgießen. Braunen Zucker mit Zimt mischen und die Nudeln damit bestreut anrichten. Dazu paßt Apfel- oder Zwetschgenkompott.

Semmelschmarren mit Zwetschgenkompott

Zwetschgenkompott:
400 g Zwetschgen
50 ml Wasser
75 g Zucker
1 großes Stück Zitronenschale
1 Stück Zimtstange (etwa 3 cm lang)
2 Gewürznelken

Semmelschmarren:
8 altbackene Semmeln (Brötchen)
½ Liter Milch
1 Prise Salz
½ EL abgeriebene Zitronenschale
1 TL Vanillezucker
2 Eier
50 g Butterschmalz
50 g Zucker
eventuell Puderzucker zum Bestäuben

Tip:
Schmarren mit Zucker bestreut im Backofen einige Minuten ziehen lassen. So wird er glänzend und saftig.

Zwetschgen waschen, halbieren und entsteinen. Wasser mit Zukker, Zitronenschale, Zimt und Nelken aufkochen. Zwetschgen zugeben und ebenfalls aufkochen. Zugedeckt bei schwacher Hitze etwa 3 Minuten garen. Im Sud erkalten lassen. Gewürze erst unmittelbar vor dem Servieren entfernen.
Für den Schmarren Semmeln in dünne Scheiben schneiden und in einer Schüssel mit kochendheißer Milch übergießen. Semmelscheiben zugedeckt etwa 30 Minuten quellen lassen, bis die Milch aufgesogen ist. Dann mit Salz, Zitronenschale, Vanillezucker und Eiern verrühren.
Den Backofen auf 50 °C (Umluft 50 °C, Gas Stufe ½) schalten.
Die Hälfte des Butterschmalzes in einer großen Pfanne erhitzen. Die Hälfte des Teiges darin glattstreichen und zugedeckt bei schwacher Hitze etwa 10 Minuten backen, bis er an der Unterseite fest ist. In der Pfanne mit einer Gabel in Stücke teilen. Die Stücke bei mittlerer Hitze unter häufigem Wenden goldbraun backen.
Den Schmarren in einen flachen Topf geben, mit der Hälfte des Zuckers bestreuen und so lange zugedeckt im Backofen warm halten, bis auch die zweite Portion im restlichen Butterschmalz gebacken ist.
Diese Portion ebenfalls mit Zukker bestreut etwa 5 Minuten im Backofen ziehen lassen.
Den Semmelschmarren nach Wunsch mit Puderzucker bestäuben und mit dem Zwetschgenkompott servieren.

Schmarren, durch das Bratfett nahrhafter als Getreidebrei, haben zuerst die einfachen Leute gebacken, und zwar keineswegs süß, denn Zucker und Honig konnten sich nur die Reichen leisten. Damals war Schmarren Haupt- und oft auch einziges Gericht von Sennerinnen auf der Alm, Holzfällern und schwer schuftenden Tagelöhnern. Zur feinen Mehlspeise, wie wir ihn heute kennen, mauserte er sich im 19. Jahrhundert in den gutbürgerlichen Küchen.

Münchner Apfelstrudel

Für 6 Personen

Für den Teig:
250 g Mehl
1 Prise Salz
etwa 1/8 Liter lauwarmes Wasser
3 EL Öl
1 Eigelb

Für die Füllung:
1 1/2 kg säuerliche Äpfel
1 Zitrone
100 g Zucker
2 TL Zimtpulver
2 EL Rum oder Apfelsaft
100 g Rosinen
100 g gehackte Haselnußkerne
40 g Butter
100 g saure Sahne
75 g Semmelbrösel

Zum Backen:
30 g Butter
3 EL süße Sahne
Mehl für die Arbeitsfläche

Alle Teigzutaten zu einem glatten Teig verkneten, der auf Druck elastisch nachgibt und nicht klebt.
Zu einem Kloß formen, in Pergamentpapier wickeln und in einen zuvor heiß ausgespülten Topf legen. Teig darin zugedeckt ruhen lassen.
Geschälte Äpfel in dünne Schnitze teilen. Mit etwas abgeriebener Zitronenschale, dem ausgepreßten Saft, Zucker, Zimt, Rum oder Apfelsaft, Rosinen und Nüssen vermischen. Butter zerlassen, aber nicht bräunen. Saure Sahne und Semmelbrösel bereitstellen.
Zum Backen die Butter in Stücke teilen und mit der Sahne in eine ofenfeste Form mit niedrigem Rand geben. Ein Küchentuch auf der Arbeitsfläche ausbreiten und mit Mehl bestäuben. Teig in 3 Stücke schneiden. Jedes Stück auf wenig Mehl ausrollen, hochheben und über beide Handrükken legen. Nun die leicht gewölbten Hände auseinanderführen, so die Teigplatte vorsichtig und gleichmäßig dehnen und glatt auf dem Küchentuch ausbreiten. Den Rand rundherum nach außen ziehen, bis der Teig möglichst dünn ist.
Mit etwas flüssiger Butter bestreichen und mit Semmelbröseln bestreuen. Je ein Drittel der Apfelmischung und der sauren Sahne darauf verteilen. Dabei am Rand 2 cm frei lassen, damit die Füllung beim Rollen nicht herausquillt.
Teigplatte an den Schmalseiten über der Füllung nach innen falten. Küchentuch am unteren Rand leicht anheben, Strudel aufrollen, mit dem Tuch anheben und in die Form gleiten lassen.
Restliche Teigstücke ebenso füllen, aufrollen und nebeneinander in die Form geben.
In den kalten Backofen (mittlere Schiene) stellen. Ofen auf 200 °C (Umluft 180 °C, Gas Stufe 4) schalten. Apfelstrudel etwa 1 1/4 Stunden backen. Dabei zwei- bis dreimal mit der Flüssigkeit vom Boden der Form bestreichen.

Der „Wiener" Apfelstrudel ist – auch durch die zahlreichen (ehelichen) Verbindungen zwischen den Wittelsbachern und den Habsburgern – in Bayern so heimisch geworden, daß man ihn einfach nach der „Weltstadt mit Herz" benannt hat.

Bayerische Creme mit Pfirsichen

Für 6 Personen

1 Vanilleschote
½ Liter Milch
8 Blatt weiße Gelatine
2 Eigelb
50 g Puderzucker
2 EL Orangenlikör oder Orangensaft
abgeriebene Schale von ¼ Zitrone
400 g süße Sahne
3 Pfirsiche
2 EL Johannisbeergelee
Raspelschokolade zum Bestreuen

Tip:
Auch unbehandelte Zitrusfrüchte vor dem Abreiben der Schale unter heißem Wasser abwaschen, damit – wie bei anderem Obst – Schmutzreste von Ernte und Transport entfernt werden.

Vanilleschote längs aufschneiden, das Mark mit der Messerspitze herauskratzen und mit der Schote in die Milch geben. Milch aufkochen und auf der abgeschalteten Kochstelle 20 Minuten ziehen lassen. Vanilleschote entfernen.
Gelatine in kaltem Wasser 5 Minuten einweichen. Eigelb mit Puderzucker zu einer dicken Creme aufschlagen. Heiße Milch, Orangenlikör oder -saft und Zitronenschale unter ständigem Schlagen zugeben. Gelatine ausdrükken, zufügen und rühren, bis sie sich aufgelöst hat. Creme 30 bis 40 Minuten in den Kühlschrank stellen, bis sie halb fest ist.
Sahne steif schlagen und unter die Creme ziehen. Creme in kalt ausgespülte Portionsförmchen füllen und 5 Stunden kühlen, bis sie sich stürzen läßt. Zum Servieren die Creme mit einer Messerspitze rundherum vom oberen Rand der Förmchen lösen. Förmchen einige Sekunden in heißes Wasser tauchen. Creme auf Teller stürzen.
Pfirsiche häuten, halbieren, entsteinen und in Schnitze teilen. Creme damit umlegen. Johannisbeergelee erwärmen, bis es flüssig ist, und über die Pfirsiche träufeln. Creme mit Raspelschokolade bestreuen.

Die „Rahmsulz", wie man in Bayern zu dieser gewürzten, zarten Eier-Sahne-Creme sagt, ist in die klassische Küche eingegangen und oft abgewandelt worden. So kommt bei der „Crème bavaroise Clermont" Maronenpüree dazu. Auch dem französischen General Pelissier, der während des Krimkriegs die Bastion Malakow, Teil der Festung Sewastopol, zu Fall brachte und deshalb zum Herzog von Malakoff avancierte, hat man eine Creme-Variation gewidmet: mit Mandeln, Korinthen, Löffelbiskuits und Maraschino.

Nusspudding

Für 6 Personen

100 g Haselnußkerne
150 g Zartbitterschokolade
50 g Mehl
1 TL Instant-Kaffeepulver
6 Eier
80 g Butter
40 g Zucker
1 TL gemahlene Vanille
1 TL Lebkuchengewürz
1 Prise Salz
abgeriebene Schale von
¼ unbehandelten Orange
Butter und Semmelbrösel
für die Form

Nüsse fein mahlen, Schokolade fein reiben. Beide Zutaten mit Mehl und Instant-Kaffee vermischen, beiseite stellen.
Eier trennen. Eigelb mit der weichen Butter, Zucker, Vanille, Lebkuchengewürz, Salz und Orangenschale schaumig rühren, bis die Masse dick und hellbeigefarben ist. Eiweiß steif schlagen und daraufgeben. Nußmischung darüberstreuen. Alles mischen, bis sich die Zutaten miteinander verbunden haben.
Eine Puddingform mit Deckel (etwa 1,5 Liter Inhalt) mit reichlich Butter ausstreichen und mit Semmelbröseln ausstreuen. Teig darin glattstreichen. Form schließen. In einem großen Topf so viel Wasser zum Kochen bringen, daß die Puddingform zu etwa zwei Drittel ihrer Höhe darin steht. Form in den Topf stellen, Topf schließen und den Pudding bei schwacher Hitze etwa 1 Stunde garen. Dabei soll das Wasser immer sanft kochen.
Den fertigen Pudding in der Form 10 Minuten stehen lassen. Am oberen Rand mit einer Messerspitze ablösen. Ein Küchentuch in kaltes Wasser tauchen und leicht auswringen. Das Tuch einige Sekunden um die Form legen, damit sich der Pudding besser aus der Form löst. Pudding auf eine Platte stürzen, in Stücke schneiden und auf Tellern anrichten. Dazu passen Vanillesauce oder Schlagsahne, außerdem Zwetschgen-, Kirsch- oder Preiselbeerkompott.

Der klassische Pudding wird im Wasserbad gegart. Süß erinnert er in Geschmack und Konsistenz an einen Kuchen oder Auflauf. Die herzhafte Version mit Fleisch oder Fisch schmeckt ähnlich wie eine Terrine. Früher gehörte Pudding zum Festbankett und wurde natürlich auch bei der berühmten Landshuter Fürstenhochzeit serviert.

Prinzregententorte

Auf einem Fels in Oberstdorf steht Luitpolds Standbild – Hinweis auf seine Naturverbundenheit?

Zutaten für 16 Stücke

Für den Teig:
12 Eier, 400 g Zucker
250 g Mehl
Fett und Mehl für die Form

Für die Creme:
140 g Zartbitterschokolade
250 g weiche Butter
6 Eier, 150 g Zucker
400 g Schokoladenglasur

Tip:
Zum Backen der Tortenböden brauchen Sie mindestens zwei Springform-Bodenbleche: Während das eine im Ofen ist, kühlt das andere ab und wird dann erst mit Teig bestrichen.

Backofen auf 200 °C (Umluft 180 °C, Gas Stufe 4) vorheizen. Eier trennen, Eiweiß mit den Quirlen des Handrührgerätes steif schlagen. Zucker nach und nach unterschlagen. Eigelb nach und nach unter den Eischnee rühren. Mehl daraufsieben und mit einem Schneebesen unterziehen. Bodenblech einer Springform von 26 cm Durchmesser fetten und dünn mit Mehl bestäuben. Etwa 2 Eßlöffel Teig darauf glattstreichen. Blech auf den Rost in den Backofen (Mitte) legen. Tortenboden etwa 10 Minuten backen, bis er hellgelb ist.
Herausnehmen, etwa 2 Minuten abkühlen lassen, vom Blech lösen und auf einem Kuchengitter erkalten lassen.
Auf diese Weise weitere 15 bis 16 Tortenböden backen, bis der Teig verbraucht ist.
Für die Creme Schokolade schmelzen und lauwarm abkühlen lassen. Butter schaumig rühren, Schokolade eßlöffelweise untermischen. Eier und Zucker über dem Wasserbad zu einer dikken Creme aufschlagen und eßlöffelweise unter die Schokoladenbutter mischen.
Tortenböden mit der Creme bestreichen und aufeinanderlegen. Den letzten, unbestrichenen Boden obenauf legen. Torte mit Schokoladenglasur überziehen und vor dem Servieren etwa 1 Tag durchziehen lassen.

Sie macht eine Menge Arbeit, ist eine richtige Kalorienbombe, kein Thema für Verfechter gesunder Ernährung und – ein so köstliches Ding, das viel Mühe und jede Sünde wert ist. Das Rezept stammt aus dem alten, handgeschriebenen Kochbuch einer echten Münchnerin, die Prinzregent Luitpold – den Namenspatron der Torte – noch erlebt hat. Luitpold war Onkel von Ludwig II. Nach dem Tod des „Märchenkönigs“ übernahm der 65jährige die Regentschaft für den neuen König. Denn beim jüngeren Bruder Ludwigs, nunmehr König Otto I., hatten sich seit 1880 so schwere seelische Störungen gezeigt, daß man ihn für regierungsunfähig erklären mußte.

Auszogene Kücherl

Für 12 Stück

500 g Mehl
20 g Hefe
300 ml Milch
20 g Zucker
75 g Butter
1 Prise Salz
abgeriebene Schale von ½ unbehandelten Zitrone
1 Ei
Mehl und Butter zum Formen
750 g Butterschmalz zum Fritieren
50 g Zucker zum Bestreuen

Tip:
Fritierfett muß richtig heiß sein, damit das Gebäck knusprig, aber nicht zu fett wird. Deshalb vor dem Ausbacken Stiel eines hölzernen Kochlöffels in das heiße Fett halten. Wenn Bläschen am Holz aufsteigen, stimmt die Temperatur.

Mehl in eine Schüssel geben. In die Mitte eine Mulde drücken. Hefe hineinbröckeln und mit 2 Eßlöffel lauwarmer Milch, 1 Teelöffel Zucker und Mehl vom Rand auflösen. Vorteig zugedeckt bei Zimmertemperatur 15 Minuten ruhen lassen.
50 g Butter in der restlichen Milch zerlaufen lassen. Vorteig mit dem Mehl verrühren. Milch-Butter-Mischung, restlichen Zucker, Salz, Zitronenschale und zimmerwarmes Ei zufügen. 10 Minuten durchrühren, bis der Teig Blasen wirft.
Arbeitsfläche mit Mehl bestäuben. Vom Teig mit zwei Eßlöffeln 12 Stücke abstechen, dabei die Löffel immer wieder in Mehl tauchen. Stücke mit bemehlten Händen zu Kugeln formen, auf die Arbeitsfläche legen, mit der restlichen zerlassenen Butter bestreichen und zugedeckt bei Zimmertemperatur 15 Minuten ruhen lassen.
Fett zum Fritieren erhitzen. Fingerspitzen mit etwas Butter einfetten. Jede Teigkugel mit beiden Händen fassen, in der Mitte eindrücken und am Rand rundherum auseinanderziehen. Dabei bildet sich in der Mitte der „Ausgezogenen" eine dünne Stelle, das „Fenster", das von einem Teigwulst umgeben ist. Küchlein vorsichtig in das heiße Fett gleiten lassen. Mit einer Schöpfkelle ein- bis zweimal heißes Fett über das Küchlein gießen, damit sich der Teig aufbläht und das Fenster einige Blasen bildet. Küchlein mit zwei Löffeln wenden und dabei das Fett aus der Mitte laufen lassen, sonst wird das Fenster braun. Küchlein braun backen, herausnehmen, auf Küchenpapier abtropfen lassen und heiß mit Zucker bestreuen.

Sie heißen auch einfach „Auszog'ne" oder Kirchweihnudeln und werden vorzugsweise zu diesem Fest im Herbst gebakken. Gut gelungen sind die Küchlein, wenn das „Fenster" in der Mitte hell und weich, der Teigwulst außen schön braun ist. Beim Hineinbeißen muß das Küchlein weich und saftig sein. Ausgezogene schmecken lauwarm oder gerade eben abgekühlt. Auf jeden Fall aber höchstens einen halben Tag aufbewahren.

Kletzenbrot

Für 16 Stücke

300 g gemischtes Trockenobst (Pflaumen, Feigen, Äpfel, Birnen, Aprikosen)
3/8 Liter Wasser
50 g frische Datteln
250 g Haselnußkerne
150 g Zitronat und Orangeat gemischt
50 g Rosinen
6 EL Kirschwasser oder Orangensaft
1 TL Zimtpulver
½ TL Piment
½ TL Anissamen
100 g Roggenvollkornmehl
50 g Weizenvollkornmehl
1 Würfel Hefe (42 g)
1 TL Zucker
1/8 Liter lauwarme Milch
30 g Butter
1 EL Zitronensaft
1 TL Vanillezucker
1 Prise Salz
25 g abgezogene, geschälte Mandeln
Mehl für die Arbeitsfläche
Fett und Mehl für das Blech

Tip:
Lassen Sie das Brot nach dem Backen für mindestens eine Woche in Alufolie gewickelt liegen. Erst dann hat sich das Aroma voll entwickelt, und der Geschmack ist optimal.

Trockenobst im Wasser über Nacht zugedeckt einweichen.
Mit dem Wasser aufkochen und zugedeckt bei schwacher Hitze 20 Minuten kochen lassen. Abgießen, Kochbrühe auffangen. Obst abtropfen lassen und nicht zu fein zerkleinern.
Entsteinte Datteln in Streifen schneiden, Nüsse grob, Zitronat und Orangeat fein hacken. Alles mit dem zerkleinerten Obst, Rosinen, Kirschwasser oder Saft, Zimt, Piment und Anis mischen und zugedeckt ziehen lassen, bis der Teig fertig ist.
Beide Mehlsorten in einer Schüssel mischen, eine Mulde eindrükken. Aus zerbröckelter Hefe, Zukker, 3 Eßlöffel Milch und etwas Mehl einen Vorteig rühren und 15 Minuten gehen lassen.
Restliche Milch, zerlassene Butter, Zitronensaft, Vanillezucker und Salz untermischen. Teig etwa 10 Minuten mit den Knethaken des Handrührgerätes durcharbeiten, bis er Blasen wirft und sich vom Schüsselrand löst. Zugedeckt bei Zimmertemperatur gehen lassen, bis sich das Teigvolumen verdoppelt hat.
Frucht-Nuß-Mischung unterkneten. Teig zu einem Wecken formen und auf ein gefettetes, mit Mehl bestäubtes Backblech legen.
Weitere 30 Minuten gehen lassen.
Mandeln in das Kletzenbrot drükken, Brot mit Kochbrühe der Früchte bestreichen. Blech in den kalten Backofen (untere Schiene) schieben. Ofen auf 180 °C (Umluft 160 °C, Gas Stufe 3) schalten. Kletzenbrot etwa 1½ Stunden backen und dabei mehrmals mit Kochbrühe bestreichen.

Namensgeber für dieses vorweihnachtliche Früchtebrot sind getrocknete Birnen – die „Kletzen", oder getrocknetes Obst allgemein, die „Hutzeln". Deshalb heißt das Gebäck in Bayern auch Hutzelbrot.

Weihnachtsplätzerl

HUSARENBUSSERL

Für etwa 50 Stück

70 g weiche Butter
60 g weiches Schweineschmalz
70 g Zucker
abgeriebene Schale von ¼ unbehandelten Zitrone
1 großes Ei
180 g Mehl
25 g Semmelbrösel oder Paniermehl
etwa 75 g Johannisbeergelee
Fett und Mehl für das Blech

ROSINENBLÄTTER

Für etwa 75 Stück

3 Eier (Gew.-Kl. 3)
175 g Zucker
abgeriebene Schale von ½ unbehandelten Orange
1 Messerspitze Zimtpulver
125 g Mehl
etwa 90 g Rosinen
Fett und Mehl für die Bleche

HUSARENBUSSERL
Butter, Schmalz und Zucker schaumig rühren, Zitronenschale und Ei untermischen. Mehl und Semmelbrösel gemischt unter den Teig rühren. Teig zu kleinen Kugeln formen. Kugeln auf ein gefettetes, mit Mehl bestäubtes Backblech legen. In die Mitte der Teigkugeln mit einem Kochlöffelstiel kleine Mulden drücken und mit der Johannisbeergelee füllen. Blech in den kalten Backofen (mittlere Schiene) schieben. Ofen auf 200 °C (Umluft 180 °C, Gas Stufe 4) schalten. Husarenbusserl in etwa 20 Minuten goldbraun backen.
Herausnehmen, sofort vom Blech lösen und zum Abkühlen auf ein Kuchengitter legen.

ROSINENBLÄTTER
Eier, Zucker, Orangenschale und Zimt zu einer dicken schaumigen Creme rühren. Mehl darübersieben und gerade so lange unterrühren, bis sich alle Zutaten verbunden haben. 2 Backbleche fetten und mit Mehl bestäuben. Teig in kleinen Häufchen daraufsetzen und jeweils mit 2 bis 3 Rosinen belegen. Zwischen den Häufchen mindestens 2 cm Abstand lassen, denn der Teig läuft beim Backen auseinander.
Das erste Blech in den kalten Backofen (mittlere Schiene) schieben. Ofen auf 180 °C (Umluft 160 °C, Gas Stufe 3) schalten. Plätzchen in etwa 15 Minuten hellgelb backen und sofort vom Blech lösen. Kekse auf dem zweiten Blech etwa 10 Minuten backen.

Plätzerl, auf Hochdeutsch Kekse, backt man nur vor Weihnachten. Das heißt, man beginnt unmittelbar vor dem ersten Advent und ißt das meiste auch gleich auf. Der Rest wird gewöhnlich unter strengem Verschluß gehalten – schließlich braucht man ja noch was für den Bunten Teller am Heiligen Abend. Wo die Plätzerl dann meist einstauben, denn man hat ja genug vom Süßen.
Beide Rezepte sind „Erbstücke“, denn sie stammen aus einem Kochbuch, das von meiner Großmutter nach ihrer Hochzeit handschriftlich begonnen und über drei Generationen in unserer Familie weitergeführt wurde.

Die Rezepte nach Gruppen

Soweit in den Rezepten nichts anderes vermerkt ist, sind die Zutaten für vier Personen berechnet.

Brotzeit und Salate

Suppen und Eintöpfe

Mit Fisch, Fleisch und Wurst

Herzhaftes ohne Fleisch

Beilagen

Süßes und Gebäck

Die Rezepte alphabetisch

Soweit in den Rezepten nichts anderes vermerkt ist, sind die Zutaten für vier Personen berechnet.

Bildquellen

AVG (Bruno Hausch und Christine Noll): 6, 14, 20, 45, 60
Bavaria: 62 (Bramaz), 174 (Marcella Pedone), 136 (Rohdich)
Huber: 24/25 (R. Schmid), 23, 42/43
IFA: 2 (Aigner), 50 (BCI), 72 (Frisch), 53 (Glatter), 36 und 176 (Goedel), 33 (P. Graf), 49 (Jakob), 19 (Jochem), 11 und 51 (Birgit Koch), 27 (Köfferlein), 56 (Nowotny), 29, 37 und 38 (Rauh), 18 (Riedl), 150 (Vahl)
Friedhelm Messow: 48, 54, 57, 138, 168
Gregor M. Schmid: 7, 8/9, 10, 12/13, 15, 16, 17, 21, 26, 30, 31, 32, 34/35, 41, 44, 46, 47, 55, 70, 76, 84, 88, 94, 102, 122, 178
Sigloch Bildarchiv: 58/59, 68/69, 82/83, 86, 126/127, 132, 146, 148/149, 154, 160/161 sowie alle ungeraden Seitenzahlen 61 – 185 (Döbbelin)
Studio für Landkartentechnik Hamburg: 4/5
Studio Teubner: 90

Literaturverzeichnis

Bauer, R. (Hg.): Geschichte der Stadt München. München: 1992
Biller, Josef H. / Rasp, Hans-Peter: München. Kunstlexikon und Kulturlexikon. München: 1988
Dettelbacher, Werner: Oberpfalz, Bayerischer Wald, Niederbayern. Köln: ^{7}1990 (DuMont-Kunstreiseführer)
Die Bajuwaren. Gemeinsame Landesausstellung des Freistaates Bayern und des Landes Salzburg. Katalog hg. v. H. Dannheimer und H. Dopsch. 1988
Eckert, Gerhard: Oberbayern. Köln: ^{9}1990 (DuMont-Kunstreiseführer)
Hintermaier, Beatrice: Das altbaierische Kochbuch der M.W. zu Trautenau. München: 1989
Lau, Katja u.a.: Speisen wie ein König. München: o.J.
Mennell, Stephen: Die Kultivierung des Appetits. Frankfurt/M.: 1988
Münster, Walter: Käse selbstgemacht. Fulda: 1986
Teuteberg, Hans J./Wiegelmann, Günter: Unsere tägliche Kost. Münster: ^{2}1988 (Studien zur Geschichte des Alltags, Bd. 6)
Wiegelmann, Günter: Alltags- und Festspeisen. Marburg: 1967

Reproduktion: Otterbach Repro, Rastatt
Satz: Lihs, Satz und Repro, Ludwigsburg
Druck: Druckerei Eberl, Immenstadt
Papier: 135 g/m^2 nopaCoat glänzend chlorfrei, Nordland Papier AG, Dörpen
Bindearbeiten: Sigloch Buchbinderei, Künzelsau
ISBN 3-89393-072-8

Reihenweise
Kulinarische Kostbarkeiten